Philippe GRANDCOLAS

Claire MARC

TOUT COMPRENDRE (OU PRESQUE) SUR LA BIODIVERSITÉ

Préface de Valérie Masson-Delmotte

CNRS ÉDITIONS
15 rue Malebranche - 75005 Paris

SOMMAIRE

Adaptation graphique et mise en page :
Claire Marc - www.meduse-communication.fr

ISBN : 978-2-271-14681-6

PRÉFACE

C'est un plaisir de vous inviter à plonger dans cet ouvrage, concis, clair, visuel, qui donne des clés pour comprendre ce qu'est la diversité biologique, pourquoi nous en sommes interdépendants, et éclairer les transformations profondes à mettre en œuvre pour la préserver.

Comme beaucoup, je n'ai pas eu l'opportunité d'avoir acquis, dans ma formation initiale, des repères solides en sciences du vivant. Au long de mon parcours professionnel en sciences du climat, j'ai eu la chance de pouvoir échanger, régulièrement, avec de nombreux spécialistes des écosystèmes et de la biodiversité, leur poser mes questions, parfois naïves, écouter leurs explications, remettre en cause mes idées reçues.

Ce livre résonne comme une conversation fluide avec Philippe Grandcolas, apportant des réponses claires à vingt questions que chacune et chacun peut se poser sur la biodiversité.

Les scientifiques du CNRS ont apporté des connaissances essentielles, nouvelles, au meilleur niveau international, pour comprendre le fonctionnement des écosystèmes et l'importance de la biodiversité, sa puissance et sa fragilité, pour caractériser les pressions qui s'exercent sur ces écosystèmes, pour évaluer les actions pour les préserver, notamment grâce au droit et à l'évolution d'une économie incitant à la surexploitation des ressources naturelles vers une nouvelle économie préservant le vivant.

Cet état des lieux nous interroge sur nos valeurs, nos choix de société, et sur le regard que nous portons sur le vivant, comme l'illustre la disproportion entre l'attention portée à des espèces emblématiques, et l'indifférence tragique face à la disparition silencieuse de la biodiversité commune (environ 30 % des oiseaux communs et près de 80 % des insectes volants) dans certaines régions d'Europe.

Comme pour l'influence humaine sur le changement climatique, le constat est sans équivoque, et montre à la fois la gravité de la situation, et l'urgence à transformer nos choix de société. Ce sont les activités humaines qui sont à l'origine de cette 6e crise d'extinction en cours, très rapide et dont nous subissons déjà les conséquences. Les choix que nous faisons maintenant auront des conséquences irréversibles et à très long terme, pour la diversité biologique comme pour le climat planétaire.

Depuis plusieurs décennies, la destruction des habitats, la surexploitation, la pollution, et l'introduction d'espèces invasives exercent des pressions très fortes sur les écosystèmes et la biodiversité. Le changement climatique dû à l'influence humaine exerce une pression supplémentaire, et croissante.

Tant pour le changement climatique que pour la biodiversité, il est indispensable de changer d'échelle, car le rythme et l'ampleur des actions mises en œuvre sont insuffisants pour limiter les risques.

La situation actuelle est la conséquence de modes de développement, de production, de consommation, d'utilisation d'énergies fossiles et de changements d'usages des terres insoutenables.

Nous observons une généralisation d'impacts graves, qui affectent la sécurité en eau, la sécurité alimentaire, la santé et le bien-être. Du côté du changement climatique, chaque incrément de réchauffement supplémentaire va intensifier ces risques, dont certains deviendront de plus en plus complexes, difficiles à gérer, touchant à la fois les écosystèmes et les sociétés qui en dépendent. La possibilité de changements abrupts ou irréversibles augmente avec le réchauffement planétaire.

Nous pouvons changer d'échelle dans nos actions, à condition de rendre la préservation de la biodiversité et du climat prioritaire.

L'état des lieux scientifique, établi dans les rapports du GIEC (le Groupe intergouvernemental d'experts sur l'évolution du climat) et son alter ego pour la biodiversité, l'IPBES (la plateforme intergouvernementale sur la biodiversité et les services écosystémique), souligne les nombreuses options qui ont fait leurs preuves, sont efficaces et économiquement viables, pour engager des transitions dans les systèmes de production d'énergie, alimentaire, urbains et industriels, de façon à réduire les émissions de gaz à effet de serre, renforcer l'adaptation aux conditions climatiques actuelles et futures, préserver les écosystèmes et la biodiversité. Les différents leviers d'action s'appuient sur l'innovation technologique, sur les solutions fondées sur la nature, avec des écosystèmes protégés, restaurés, et des pratiques d'agroécologie, et sur la maîtrise de la demande - soit des politiques publiques et des infrastructures qui rendent accessibles des styles de vie à faible empreinte environnementale, y compris en s'appuyant sur la sobriété.

Pour l'action face au changement climatique comme pour la biodiversité, il est aujourd'hui possible de changer d'échelle. Pour être efficace, cette action doit être juste, inclusive, et basée sur le partage des connaissances.

Intégrer les connaissances locales, autochtones, celles des acteurs de terrain et celles des scientifiques fait partie de ces solutions. À mon sens, les connaissances scientifiques sont profondément émancipatrices : elles permettent de donner sens aux changements observés, de comprendre les risques associés à la poursuite des tendances actuelles, et de caractériser les solutions qui peuvent être déployées rapidement et porter leurs fruits.

Ce livre met en avant deux de nos atouts majeurs, qui permettent de rester optimiste : notre capacité d'empathie pour la diversité du vivant, et la puissance de la biodiversité.

Un livre à mettre dans toutes les mains !

VALÉRIE MASSON-DELMOTTE

Chercheuse CEA au LSCE-IPSL, et coprésidente du groupe de travail 1 du GIEC

AVANT-PROPOS

La biodiversité est partout : nous nous en nourrissons (cinq fruits et légumes par jour !), la plupart de nos médicaments en sont issus (les antibiotiques proviennent notamment des champignons), nos vêtements en sont tissés (coton, lin ou laine). Sans biodiversité, les sols ne sont pas fertiles et l'eau n'est pas disponible.

Et pourtant, nous ne reconnaissons pas la biodiversité dans ces différents aspects, comme si un fruit, un médicament ou une étoffe étaient des objets essentiellement différents et que leur origine vivante n'importait pas. Cet aveuglement nous amène trop souvent à méconnaître les règles générales qui gouvernent les organismes vivants, leurs populations, leurs interactions ou leur évolution dans les écosystèmes, qu'il s'agisse d'une forêt tropicale, d'un champ de blé, d'un récif corallien, ou des pathogènes dans notre corps. Et par voie de conséquence, nous nous portons tort et nous générons ce qui est appelé la sixième crise d'extinction de la biodiversité.

Tandis que la crise climatique et la plateforme du GIEC sont connues de tous, cette crise de la biodiversité et sa plateforme correspondante, l'IPBES (Plateforme intergouvernementale scientifique et politique sur la biodiversité et les services écosystémiques) sont, elles, encore largement ignorées. À tel point qu'il est encore aujourd'hui possible d'être ouvertement " biodiversité-sceptique ", d'ignorer voire de contredire publiquement les expertises collectives faisant la synthèse de milliers de publications scientifiques. Également inquiétant, les risques liés à la crise de la biodiversité sont souvent ignorés ou non-identifiés comme tels par nos sociétés, laissant des aléas nous affecter de manière récurrente.

Le CNRS a donc pensé qu'il était crucial de partager les connaissances à propos de ce que représentent la biodiversité, son fonctionnement, et ses rôles essentiels pour notre vie. Nous sommes aujourd'hui confrontés à une crise majeure d'extinction, causée uniquement par les humains et mille fois plus rapide que les crises des temps géologiques. Nous devons prendre conscience qu'assurer notre autonomie alimentaire ou préserver notre santé et un environnement hospitalier passent par de meilleures connaissances qui nous permettront de stopper ou d'atténuer cette crise.

D'innombrables questions pourraient être posées ; celles traitées ici ont été sélectionnées parce qu'elles concernent des fondamentaux de connaissance incontournables, des sujets notoirement incompris ou des enjeux de société importants. Vingt-trois conseillers, chercheurs ou enseignants-chercheurs scientifiques, écologues, évolutionnistes, économiste, juristes, géographes, anthropologues, philosophe ont donc apporté des éclairages sur ces questions qui ont permis de rédiger le livre et à Claire Marc de réaliser sa superbe traduction graphique. Cet ouvrage explicite donc des connaissances acquises par l'ensemble de la communauté scientifique, à la suite de milliers de recherches effectuées sur le terrain et en laboratoire, évaluées par les pairs et publiées dans des journaux scientifiques internationaux, puis collectivement synthétisées par des plateformes comme celle de l'IPBES, aux travaux de laquelle plusieurs conseillers de ce livre ont participé pendant plusieurs années. Il faut rendre hommage à tous ces scientifiques qui ne comptent pas leurs efforts dans les forêts tropicales, sur des navires en campagne océanographique, dans des exploitations agricoles ou des systèmes urbains, en laboratoire avec des méthodes analytiques toujours plus puissantes ou dans l'échange construit avec des sociétés humaines.

Ce qui est ici présenté leur doit tout.

PHILIPPE GRANDCOLAS

Directeur adjoint scientifique, Institut Ecologie et Environnement (INEE) du CNRS

Question n° 1

BIODIVERSITÉ, QU'EST-CE QUE ÇA VEUT DIRE ?

SE REPRÉSENTER UN ENSEMBLE AUSSI VASTE ET COMPLEXE QUE LA DIVERSITÉ DU VIVANT AVEC SES MILLIONS D'ESPÈCES, LEURS INNOMBRABLES CARACTÉRISTIQUES ET INTERACTIONS EST UN DÉFI.

LA CONVENTION POUR LA DIVERSITÉ BIOLOGIQUE LA DÉFINIT AINSI :

« variabilité des organismes vivants de toute origine y compris, entre autres, les écosystèmes terrestres, marins et autres écosystèmes aquatiques et les complexes écologiques dont ils font partie. »

LES CULTURES HUMAINES N'ONT PAS TOUJOURS CONSIDÉRÉ LA QUESTION DE CETTE MANIÈRE. DES TERMES AUX SIGNIFICATIONS LÉGÈREMENT DIFFÉRENTES SE SONT SUCCÉDÉ.

CES MOTS PEUVENT AINSI VÉHICULER MALGRÉ NOUS DES MANIÈRES DÉSUÈTES OU ERRONÉES DE PERCEVOIR LA RÉALITÉ.

QUE VOULONS-NOUS DIRE QUAND NOUS PARLONS DE NATURE, DU VIVANT OU DE BIODIVERSITÉ ?

LA NATURE, UN TERME PLEIN D'A PRIORI

C'EST UN TERME FAMILIER MAIS POURTANT TRÈS CONFUS, RECOUVRANT DES CONCEPTIONS DIFFÉRENTES SELON LES CULTURES :

LE PLUS SOUVENT, LE MOT "NATURE" RASSEMBLE PÊLE-MÊLE VIVANT, MINÉRAL ET ENVIRONNEMENT PHYSIQUE.

Dire que l'on va se promener dans la nature signifie que l'on intègre mentalement un paysage avec sa végétation et ses animaux.

PARFOIS, LE TERME PERSONNIFIE CET ENSEMBLE, COMME SI NOUS LUI PRÊTIONS UNE SORTE DE VOLONTÉ OU DE PENSÉE MAGIQUE.

Vous avez forcément déjà entendu quelqu'un dire que " la Nature reprend ses droits "...

LE TERME PEUT ÉGALEMENT IMPLIQUER L'IDÉE D'UN ÉTAT ORIGINEL VIERGE D'INFLUENCE HUMAINE OÙ TOUT CE QUI EST NATUREL EST BON.

Ne dit-on pas " revenir à la nature ", ou " rester naturel·le " ?

CETTE CONCEPTION PERMET À CHACUN•E D'IDÉALISER UNE NATURE DITE " ORIGINELLE ", SOUVENT BELLE ET BIENFAISANTE À CONDITION QU'ELLE NE SOIT PAS TROP ALTÉRÉE PAR L'ESPÈCE HUMAINE.

A CONTRARIO, CETTE NATURE PEUT ÊTRE SYNONYME DE DANGERS, DE PROBLÈMES ET DE NUISANCES CONTRE LESQUELLES IL FAUDRAIT SE PRÉMUNIR.

"La dure loi de la nature" en somme.

DANS CETTE CONCEPTION-CI, SE RAPPROCHER DE LA NATURE COMPORTE DES RISQUES.

CONFRONTER CES DEUX CONCEPTIONS MYTHIFIÉES (PARADIS PERDU OU ENFER VERT) PERMET DE PRENDRE CONSCIENCE QU'IL N'EXISTE PAS DE LOIS SIMPLES ET UNIVERSELLES DANS NOTRE RAPPORT À L'ENVIRONNEMENT CAR LA NATURE EST PLURIELLE ET COMPLEXE.

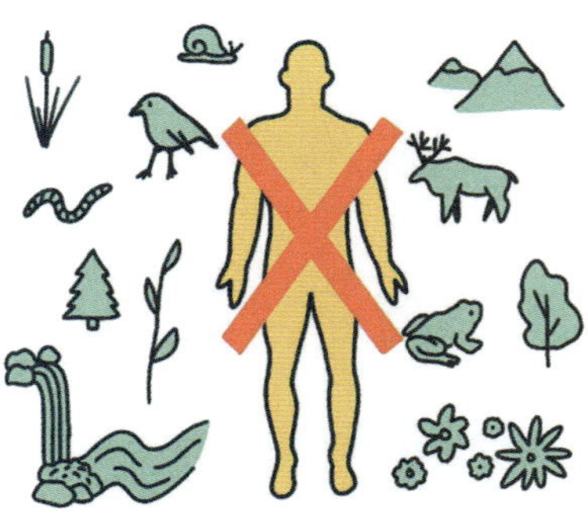

LE PROBLÈME AVEC CES REPRÉSENTATIONS MENTALES, C'EST QUE LES HUMAINS EN SONT EXCLUS...

...POURTANT, IL SERAIT BIEN DIFFICILE DE TROUVER UN LIEU SUR TERRE OÙ NOTRE ESPÈCE N'A PAS EU UNE INFLUENCE SIGNIFICATIVE...

LE VIVANT, CE QUI EST COMMUN À L'ENSEMBLE DES ORGANISMES

AU SENS LITTÉRAL, LE TERME "VIVANT" ENGLOBE TOUT CE QUI VIT (HUMAINS COMPRIS).

LES SCIENCES DITES DU VIVANT ONT DOMINÉ LA BIOLOGIE DE CES DERNIÈRES DÉCENNIES ET ONT APPORTÉ QUANTITÉS DE CONNAISSANCES GRÂCE À L'ÉTUDE DE QUELQUES ORGANISMES EN LABORATOIRE.

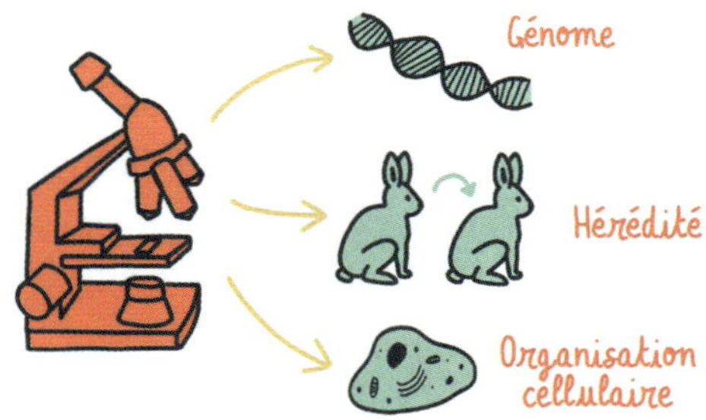

ON LES APPELLE "ORGANISMES MODÈLES", CENSÉS REPRÉSENTER L'ENSEMBLE DU VIVANT ET PERMETTRE DE COMPRENDRE LES LOIS QUI SERAIENT GÉNÉRALES ET COMMUNES À TOUS. IL EN EXISTE UN MILLIER À CE JOUR.

MILLE ESPÈCES MODÈLES PARMI PLUS DE 2 MILLIONS D'ESPÈCES CONNUES, C'EST À LA FOIS :

BEAUCOUP POUR COMPRENDRE EN PROFONDEUR LES MÉCANISMES GÉNÉRAUX DU VIVANT.

TROP PEU POUR GÉRER L'ENVIRONNEMENT ET VIVRE EN HARMONIE AVEC LA NATURE.

LA BIODIVERSITÉ, PRENDRE EN COMPTE POINTS COMMUNS ET DIFFÉRENCES

LE TERME "BIODIVERSITÉ", NÉ DANS LES ANNÉES 1980, EST UNE CONTRACTION DE "DIVERSITÉ BIOLOGIQUE".

CETTE DIVERSITÉ A UNE IMPORTANCE FONDAMENTALE CAR MALGRÉ LEURS CARACTÉRISTIQUES COMMUNES, LES ORGANISMES DIFFÈRENT ET INTERAGISSENT TOUS DE MANIÈRE COMPLEXE AU SEIN DES ÉCOSYSTÈMES.

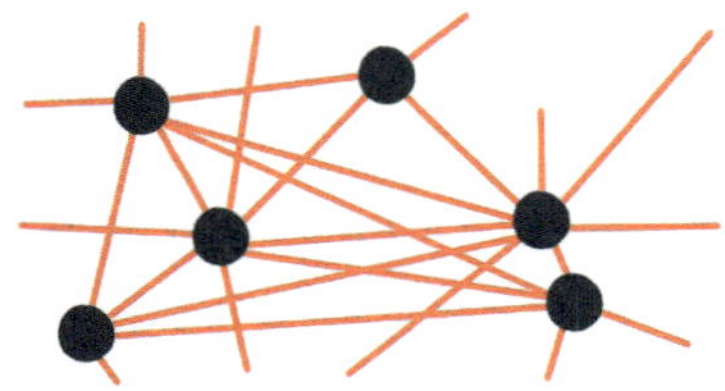

CE MOT ÉVOQUE DANS NOS ESPRITS BALEINES, PAPILLONS COLORÉS, GRANDS ARBRES ET FLEURS SOMPTUEUSES. IL INCLUT POURTANT TOUS LES ORGANISMES, Y COMPRIS :

LE TERME A ACQUIS UNE VALEUR JURIDIQUE ET SA DÉFINITION (*voir plus haut*) A ÉTÉ STABILISÉE DÈS 1992.

LE SEUL INCONVÉNIENT DE CETTE DÉFINITION EST QU'ELLE FAIT L'IMPASSE SUR LA NOTION D'ÉVOLUTION, COMME SI LA BIODIVERSITÉ ÉTAIT FIGÉE.

OR, NON SEULEMENT LA BIODIVERSITÉ EST ISSUE DE L'ÉVOLUTION, MAIS ENCORE ÉVOLUE-T-ELLE EN PERMANENCE !

Question n° 2

À QUOI SERT LA BIODIVERSITÉ ?

LA BIODIVERSITÉ ISSUE D'ÉCOSYSTÈMES EN BON ÉTAT CONTRIBUE À LA QUALITÉ DE VIE DES INDIVIDUS ET DE LA SOCIÉTÉ. ÉGALEMENT APPELÉES "SERVICES ÉCOSYSTÉMIQUES", CES CONTRIBUTIONS PEUVENT ÊTRE CLASSÉES EN 4 GRANDES CATÉGORIES :

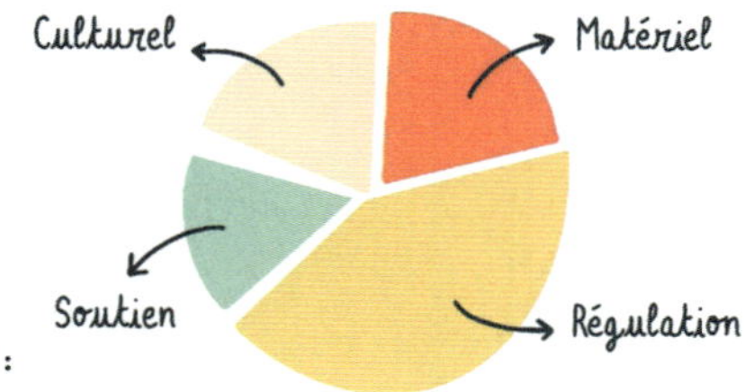

LES CONTRIBUTIONS MATÉRIELLES

ELLES ONT UNE VALEUR UTILITAIRE PUISQU'ELLES CORRESPONDENT À TOUS NOS APPROVISIONNEMENTS DE "PRODUITS FINIS", DESTINÉS À UN USAGE DIRECT (CONSOMMATION, MARCHANDISATION, TRANSFORMATION).

ALIMENTATION

EAU POTABLE

ÉNERGIE

RESSOURCES MÉDICINALES

MATIÈRES PREMIÈRES (conception d'objets / matériaux de construction)

PRODUCTION VESTIMENTAIRE

LES CONTRIBUTIONS DE RÉGULATION

ELLES SONT ESSENTIELLES À LA SÉCURITÉ ET À LA SANTÉ DES POPULATIONS VIA LA RÉGULATION :

DE LA QUALITÉ DE L'AIR

DU CLIMAT

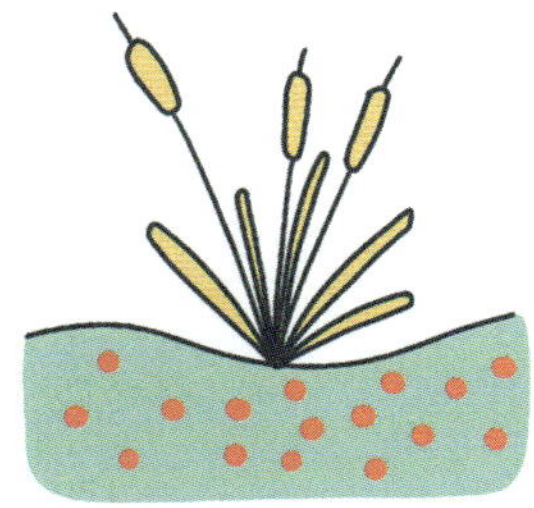

DE LA QUALITÉ DES EAUX

DE LA POLLINISATION

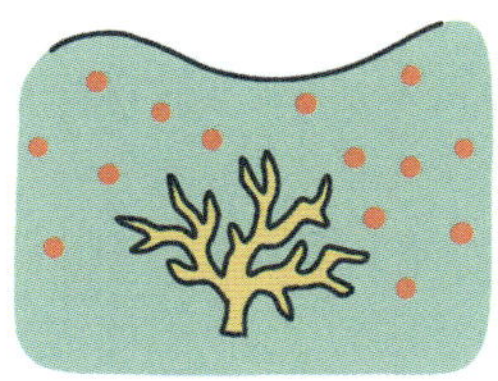

DU pH DES OCÉANS

DES FLUX D'EAU

DES SOLS
(formation / protection / décontamination)

DES NUISIBLES ET PATHOGÈNES

DES RISQUES NATURELS
(érosion, canicules, inondations, etc.)

LES CONTRIBUTIONS CULTURELLES

ELLES REGROUPENT L'ENSEMBLE DES VALEURS IMMATÉRIELLES RELATIONNELLES CRÉÉES PAR LE PARTAGE DE PRATIQUES SOCIALES AUTOUR DE LA NATURE COMME DES EXPÉRIENCES :

ÉDUCATIVES

ESTHÉTIQUES

SPIRITUELLES

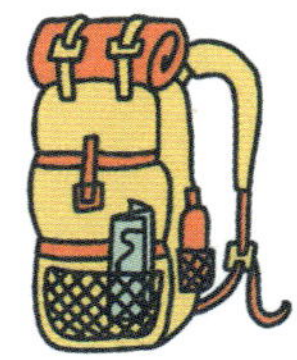

RÉCRÉATIVES

MAINTIEN DES OPTIONS FUTURES

ELLES REPRÉSENTENT LA CAPACITÉ DES ORGANISMES À ASSURER LA RÉSILIENCE DES ÉCOSYSTÈMES. LA BIODIVERSITÉ CONTRIBUE À CETTE RÉSILIENCE SELON TROIS MÉCANISMES COMPLÉMENTAIRES :

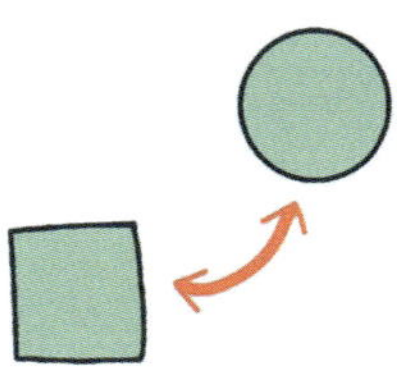

LA COMPENSATION

Les espèces les plus résistantes peuvent remplacer (même temporairement) celles impactées par une perturbation.

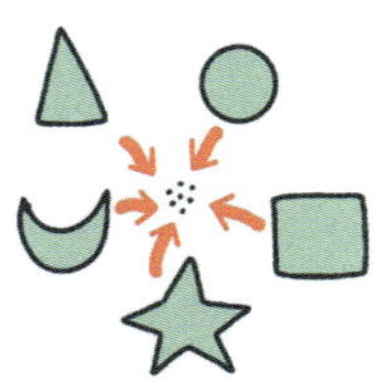

L'ASSURANCE

Plusieurs espèces assurent une même fonction mais n'ont pas les mêmes résistances aux perturbations.

L'IDENTITÉ

L'écosystème est dominé par des espèces résistantes ou très résilientes, ainsi, après une perturbation, le rétablissement est rapide.

LES VALEURS D'OPTION

CERTAINS ASPECTS DE LA BIODIVERSITÉ NE SONT PAS ENCORE CONNUS ET POURRAIENT AINSI OFFRIR DE NOUVEAUX BÉNÉFICES MATÉRIELS ET NON-MATÉRIELS AUX POPULATIONS COMME :

LES RESSOURCES GÉNÉTIQUES POUR L'AMÉLIORATION OU L'ADAPTATION DES ESPÈCES CULTIVÉES OU D'ÉLEVAGE.

LES RÔLES POSSIBLES DES ESPÈCES QUI NE SONT PAS ENCORE CONNUES DANS DES ÉCOSYSTÈMES OU DES RÉGIONS PEU EXPLORÉES.

LA TRANSFORMATION DES ÉCOSYSTÈMES VERS DES COMMUNAUTÉS ÉCOLOGIQUES INÉDITES AVEC LE CHANGEMENT CLIMATIQUE

LE MOT DE LA FIN

TOUTES LES CONTRIBUTIONS ET LES VALEURS ASSOCIÉES À LA BIODIVERSITÉ RÉSULTENT D'INTERACTIONS DIRECTES ET INDIRECTES ENTRE LES HUMAINS ET LA NATURE ET FONT APPEL AUX RESSOURCES HUMAINES, SOCIALES, MATÉRIELLES ET FINANCIÈRES, INDIVIDUELLES ET COLLECTIVES.

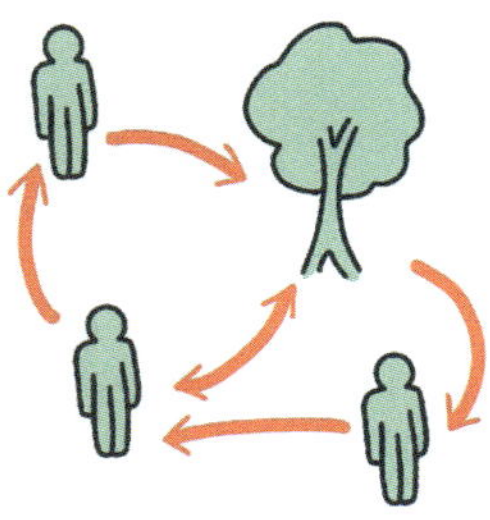

DANS TOUS CES CAS, LA BIODIVERSITÉ REVÊT UNE VALEUR INTRINSÈQUE, INDÉPENDANTE DE TOUTE INTERVENTION HUMAINE.

DANS LE CADRE DES CHANGEMENTS GLOBAUX ET DU DÉVELOPPEMENT DURABLE, UN ENJEU PRIMORDIAL EST DE MAINTENIR CES CONTRIBUTIONS LÀ OÙ ELLES SONT AUJOURD'HUI SATISFAISANTES, DE LES AMÉLIORER POUR LES NOMBREUSES POPULATIONS MOINS FAVORISÉES ET D'EN ASSURER UN ACCÈS ÉQUITABLE POUR TOUS.

Question n° 3

QU'EST-CE QU'UN ÉCOSYSTÈME ?

QUELQUES DÉFINITIONS

UN ÉCOSYSTÈME, C'EST L'ENSEMBLE VIVANT FORMÉ PAR UN GROUPEMENT DE DIFFÉRENTES ESPÈCES EN INTERRELATIONS (NUTRITION, REPRODUCTION, PRÉDATION...) ENTRE ELLES ET AVEC LEUR ENVIRONNEMENT, SUR UNE ÉCHELLE SPATIALE DONNÉE.

ON DISTINGUE DONC DEUX ENTITÉS AU SEIN D'UN ÉCOSYSTÈME :

LE BIOTOPE

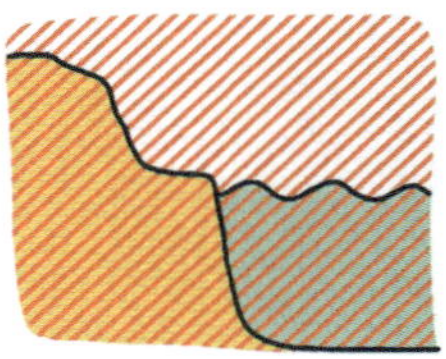

L'ESPACE GÉOGRAPHIQUE SPATIALEMENT DÉLIMITÉ, CONSTITUÉ D'ÉLÉMENTS NON VIVANTS (SOL, SOUS-SOL), DE LEURS CONSTITUANTS (EAU, AIR, ÉLÉMENTS CHIMIQUES), DE LEURS VARIATIONS ET DE LEURS INTERACTIONS.

LA BIOCÉNOSE

L'ENSEMBLE DES ÊTRES VIVANTS OCCUPANT DE MANIÈRE PERMANENTE OU TEMPORAIRE CET ESPACE ET LEURS INTERACTIONS.

LES DIMENSIONS SPATIALES DES ÉCOSYSTÈMES

L'ÉCOSYSTÈME EST LIMITÉ SPATIALEMENT À UN INSTANT DONNÉ PAR LA PRÉSENCE D'UNE BIOCÉNOSE SUR UNE AIRE PARTAGEANT LES MÊMES CARACTÉRISTIQUES :

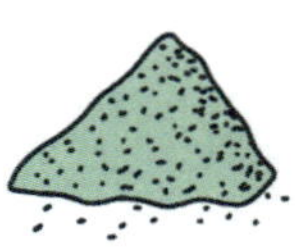

De sol

Hydrologiques

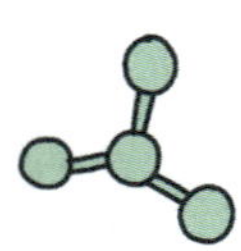

Physico-chimiques

Climatiques

DANS LA PLUPART DES CAS, LES ÉCOSYSTÈMES SONT "EMBOITÉS".

PRENONS L'EXEMPLE D'UN VER DE TERRE ÉVOLUANT DANS UN SOL. IL PEUT ÊTRE CONSIDÉRÉ COMME UN ÉCOSYSTÈME ABRITANT UNE BIOCÉNOSE MICROBIENNE ÉVOLUANT DANS SON TUBE DIGESTIF. CE VER DE TERRE ÉVOLUE DANS L'ÉCOSYSTÈME SOL, LUI-MÊME INSCRIT DANS UN ÉCOSYSTÈME PLUS LARGE QUI LE CONTIENT, COMME UN ARBRE ET SON ENVIRONNEMENT AÉRIEN ET SOUTERRAIN, QUI À SON TOUR APPARTIENT À UN ÉCOSYSTÈME FORESTIER.

LES DIMENSIONS TEMPORELLES DES ÉCOSYSTÈMES

UN ÉCOSYSTÈME EST PAR DÉFINITION INSTABLE. SUITE À UNE PERTURBATION, IL EST (RE)COLONISÉ PAR DES ORGANISMES VIVANTS JUSQU'À CE QU'IL ATTEIGNE UN ÉTAT D'ÉQUILIBRE PROVISOIRE, POTENTIELLEMENT PERTURBABLE À NOUVEAU.

LA VITESSE ET LE SCHÉMA DE COLONISATION DE L'HABITAT PAR LES ORGANISMES VIVANTS DÉPENDENT DE PLUSIEURS FACTEURS TELS QUE :

Emplacement de l'écosystème

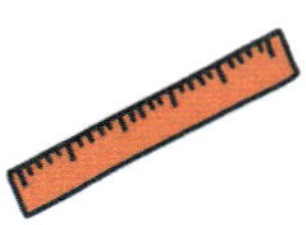

Taille de l'écosystème

Maturité de l'écosystème

LA PLUPART DES ORGANISMES VIVANTS ONT UN RÔLE D'INGÉNIEUR DANS L'ÉCOSYSTÈME. ILS MODIFIENT L'HABITAT DE MANIÈRE À LE RENDRE PLUS FAVORABLE À LEUR SURVIE ET À LEUR REPRODUCTION.

CES MODIFICATIONS SONT L'ÉLÉMENT CLEF DES SUCCESSIONS ÉCOLOGIQUES, PROCESSUS DE CHANGEMENT AU COURS DU TEMPS DE L'ÉCOSYSTÈME.

PLUS GÉNÉRALEMENT, LA DYNAMIQUE TEMPORELLE DES ÉCOSYSTÈMES SERA DONC RÉGIE PAR :

La quantité de matière organique produite par celui-ci

Le degré et la fréquence de destruction qu'il subit

COMMENT ÉTUDIE-T-ON LES ÉCOSYSTÈMES ?

LES ÉCOSYSTÈMES SONT SOUMIS À DES VARIATIONS DANS LE TEMPS ET DANS L'ESPACE, IMPOSANT DES MÉTHODES D'INVESTIGATION COMPLÉMENTAIRES, ET NON EXCLUSIVES :

L'APPROCHE OBSERVATIONNELLE CONSISTE À METTRE EN PLACE DES MESURES RÉPÉTÉES DANS L'ESPACE ET DANS LE TEMPS.

L'APPROCHE RÉTROSPECTIVE CONSISTE EN L'ANALYSE DE PRÉLÈVEMENTS D'ÉCHANTILLONS STOCKÉS SUR LE LONG TERME (SÉDIMENTS, GLACES, STALACTITES, DÉJECTIONS) POUR APPORTER DES INFORMATIONS SUR LES CONDITIONS ENVIRONNEMENTALES ET DE VIE DES ORGANISMES DU PASSÉ.

L'APPROCHE PAR MODÉLISATION PERMET D'AMÉLIORER LA COMPRÉHENSION DE LA DYNAMIQUE SPATIO-TEMPORELLE DES ÉCOSYSTÈMES GRÂCE À LA CRÉATION DE SCÉNARIOS D'ÉVOLUTION DES SYSTÈMES ET DE LEURS PROPRIÉTÉS.

L'APPROCHE PAR ÉCOSYSTÈMES SIMPLIFIÉS (BASSINS EXPÉRIMENTAUX) PERMET DE CONTRÔLER FINEMENT QUELQUES PARAMÈTRES, ET DE MESURER LA RÉPONSE DE DIFFÉRENTES COMPOSANTES.

LE MOT DE LA FIN

NOMBREUX SONT LES EXEMPLES DE LA MANIÈRE DONT LES ACTIVITÉS ANTHROPIQUES RÉGISSENT LA DYNAMIQUE DES ÉCOSYSTÈMES, SOUVENT NÉGATIVEMENT, POUR LE BIEN-ÊTRE DES POPULATIONS HUMAINES.

L'HUMAIN PEUT GÉNÉRER ET CONTRÔLER DES ÉCOSYSTÈMES N'AYANT PAS D'ÉQUIVALENTS NATURELS (PRAIRIES, ÉTANGS AGRO-PISCICOLES, CHAMPS LABOURÉS, SYSTÈMES URBAINS).

Question n° 4

COMMENT LA BIODIVERSITÉ ÉVOLUE-T-ELLE ?

QU'EST-CE QU'UNE ESPÈCE ?

UNE ESPÈCE EST COMPOSÉE D'INDIVIDUS SE RESSEMBLANT, CAPABLES DE SE REPRODUIRE ENSEMBLE ET PARTAGEANT DONC DE TRÈS NOMBREUSES CARACTÉRISTIQUES HÉRITÉES D'ANCÊTRES COMMUNS.

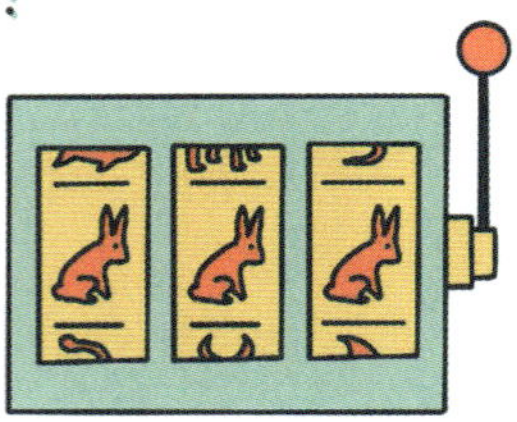

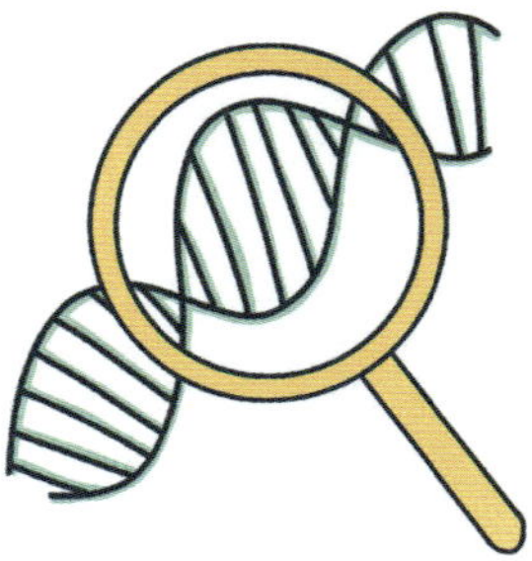

L'EXTRAORDINAIRE DIVERSITÉ GÉNÉTIQUE DU VIVANT A RÉCEMMENT ÉTÉ MISE AU JOUR PAR LES MÉTHODES DE BIOLOGIE MOLÉCULAIRE QUI PERMETTENT DE COMPRENDRE L'ÉVOLUTION EN ÉTUDIANT, ENTRE AUTRES, LES VARIATIONS DÉMOGRAPHIQUES, LES MIGRATIONS ET LES HYBRIDATIONS DES INDIVIDUS ET POPULATIONS.

LES ESPÈCES NE SONT PAS DES ENSEMBLES ÉTANCHES ET INVARIANTS : LEURS INDIVIDUS SONT DIVERS, SE REPRODUISENT PARFOIS AVEC CEUX D'AUTRES ESPÈCES (HYBRIDATION) ET CHANGENT AU COURS DES GÉNÉRATIONS SUCCESSIVES, FAISANT APPARAÎTRE DE NOUVELLES ESPÈCES.

COMBIEN Y A-T-IL D'ESPÈCES SUR TERRE ?

ON A PRIS L'HABITUDE DE COMPTER LA DIVERSITÉ EN TERMES D'ESPÈCES DIFFÉRENTES, CE QUI PERMET DE CONSTATER QUE LES GROUPES D'ORGANISMES NE SONT PAS ÉGAUX : IL EXISTE PLUS D'INSECTES QUE DE PLANTES, DE MOLLUSQUES, DE VERTÉBRÉS, ETC.

CELA S'EXPLIQUE PAR LE FAIT QUE L'ÉVOLUTION (TAUX DE DIVERSIFICATION OU D'EXTINCTION) DE CES DIVERSES LIGNÉES S'EST DÉROULÉE DE MANIÈRE DIFFÉRENTE AU COURS DU TEMPS.

CHAQUE ANNÉE, 18 000 NOUVELLES ESPÈCES SONT DÉCRITES. À CE JOUR LA SCIENCE EN A DÉNOMBRÉ UN PEU PLUS DE DEUX MILLIONS *(à l'exception des micro-organismes)* ET L'ON ESTIME QU'IL NE RESTE PAS MOINS DE 80% DES ESPÈCES À DÉCOUVRIR.

IL EST EXTRÊMEMENT IMPORTANT D'ÉTUDIER CETTE PORTION INCONNUE DE LA BIODIVERSITÉ CAR ELLE RECÈLE DES ESPÈCES QUI PEUVENT APPORTER DES SOLUTIONS CRUCIALES À L'HUMANITÉ OU AU CONTRAIRE CONSTITUER DE FUTURS PROBLÈMES CONTRE LESQUELS IL FAUDRAIT SE PRÉMUNIR.

ET LES MICROBES ?

CES CHIFFRES NE TIENNENT PAS COMPTE DES MICROBES, QUI SE COMPTENT PROBABLEMENT PAR MILLIARDS ET CONSTITUENT LA PART INVISIBLE DE LA BIODIVERSITÉ.

PAR MICROBES, ON ENTEND CES FORMES DE VIES NON VISIBLES À L'ŒIL NU, COMPRENANT DES :

CHAMPIGNONS (0,1 à 0,001 mm)

ALGUES UNICELLULAIRES (0,1 à 0,001 mm)

AMIBES (0,01 mm)

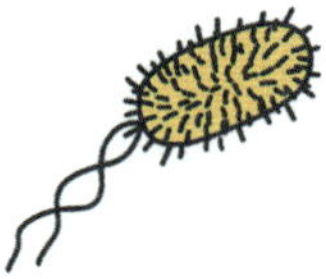
BACTÉRIES (0,001 mm)

VIRUS (0,000001 mm)

LA DIVERSITÉ MICROBIENNE RESTE ENCORE MAL EXPLORÉE, MAIS SELON LES ÉVALUATIONS, ELLE REPRÉSENTE ENTRE 30 ET 80 % DE LA MASSE VIVANTE TOTALE DE LA TERRE.

ILS PEUPLENT TOUS LES MILIEUX, MÊME LES PLUS INATTENDUS : LE SOL, L'EAU DES LACS ET DES OCÉANS, LES ROCHES, L'INTÉRIEUR ET L'EXTÉRIEUR D'AUTRES ORGANISMES VIVANTS, ETC.

NOUS ABRITONS NOUS-MÊMES UN MICROBIOTE D'ENVIRON 2 KILOGRAMMES SUR NOTRE PEAU ET DANS NOS CAVITÉS COMME LE TUBE DIGESTIF, LE VAGIN OU LES POUMONS.

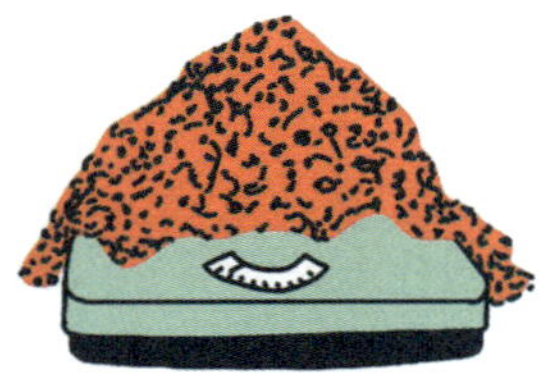

EST-CE QUE LA BIODIVERSITÉ ÉVOLUE ?

GRÂCE À LA GÉNÉTIQUE, ON SAIT AUJOURD'HUI QUE LE VIVANT ÉVOLUE ET COMMENT. LES DEUX CATÉGORIES MAJEURES DE PREUVES DE L'ÉVOLUTION BIOLOGIQUE SONT :

LES PROCESSUS GÉNÉTIQUES LIÉS À LA REPRODUCTION

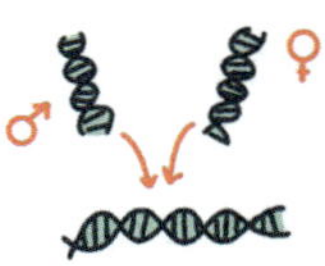

Les organismes sont capables de transmettre des caractéristiques à leurs descendants grâce à l'ADN, l'ARN et aux mécanismes moléculaires impliquant leur réplication avec modifications éventuelles.

LE PARTAGE DE CARACTÈRES COMMUNS ENTRE GROUPES D'ORGANISMES

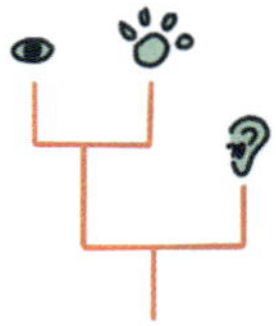

Depuis les caractères fondamentaux partagés par tout le vivant (structure cellulaire, etc) jusqu'aux caractéristiques originales partagées par les individus des différents groupes d'organismes (exemple des ailes chez les oiseaux).

L'EMBOÎTEMENT DES CARACTÉRISTIQUES DU VIVANT RÉSULTE DE L'HÉRITAGE DE CARACTÉRISTIQUES ANCESTRALES QUI ONT SUBI DES MODIFICATIONS (MAJORITAIREMENT DES MUTATIONS) AU COURS DU TEMPS, ELLES-MÊMES HÉRITÉES À LEUR TOUR, ETC.

LE PHÉNOMÈNE ÉVOLUTIF EST DIRECTEMENT LIÉ AU PROCESSUS D'ADAPTATION : DES CARACTÉRISTIQUES GÉNÉTIQUES DIFFÉRENTES CONFÈRERONT À DES INDIVIDUS DES CAPACITÉS DE SURVIE OU DE REPRODUCTION DIFFÉRENTES DANS UN ENVIRONNEMENT DONNÉ.

LES INDIVIDUS CAPABLES D'Y SURVIVRE ET D'Y PRODUIRE LE PLUS DE DESCENDANTS DOMINERONT : ON LES CONSIDÉRERA DONC MIEUX ADAPTÉS ET ON DIRA QUE L'ENVIRONNEMENT A EXERCÉ UNE SÉLECTION NATURELLE SUR EUX.

CET AJUSTEMENT DIT " ADAPTATIF " AU MILIEU EST DYNAMIQUE : IL EST REMIS EN CAUSE À CHAQUE GÉNÉRATION ET À CHAQUE CHANGEMENT ENVIRONNEMENTAL.

LE MOT DE LA FIN

POUR AUTANT, L'IMAGE SOCIÉTALE QUE L'ON A DE L'ÉVOLUTION EST SOUVENT CARICATURALE VOIRE ERRONÉE, COMME S'IL S'AGISSAIT D'UN PROCESSUS EXTRÊMEMENT LENT AMENANT À L'APPARITION D'ORGANISMES TRÈS DIFFÉRENTS APRÈS L'ACCUMULATION DE CHANGEMENTS MINUSCULES PENDANT DES MILLIONS D'ANNÉES.

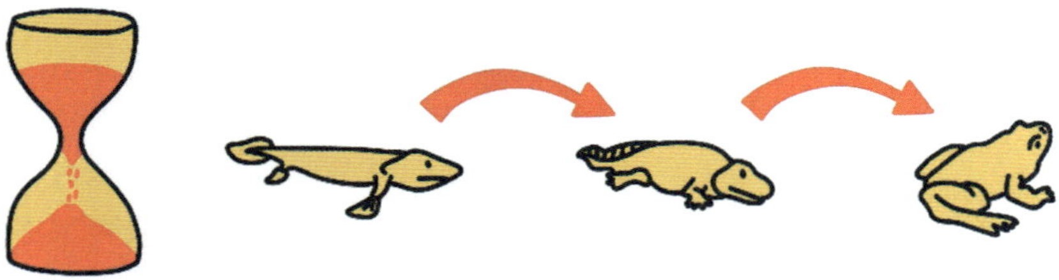

OR, LA DIVERSITÉ GÉNÉTIQUE ENTRE INDIVIDUS PEUT AMENER À DES ÉVOLUTIONS TRÈS RAPIDES, NOTAMMENT SOUS DES PRESSIONS DE SÉLECTION IMPORTANTES (EXEMPLE DES VIRUS) ET LES ADAPTATIONS RESTENT FAVORABLES À LEUR PORTEUR TANT QUE L'ENVIRONNEMENT NE CHANGE PAS.

L'ÉVOLUTION N'EST PAS UN PROGRÈS MAIS UN AJUSTEMENT.

Question n° 5

LES HUMAINS ÉVOLUENT-ILS EUX AUSSI ?

QUEL RYTHME D'ÉVOLUTION ?

COMME TOUTES LES ESPÈCES VIVANTES, NOUS ÉVOLUONS ENCORE : À CHAQUE GÉNÉRATION, DES MUTATIONS (NOUVEAUTÉS GÉNÉTIQUES) APPARAISSENT PAR HASARD DANS NOTRE GÉNOME.

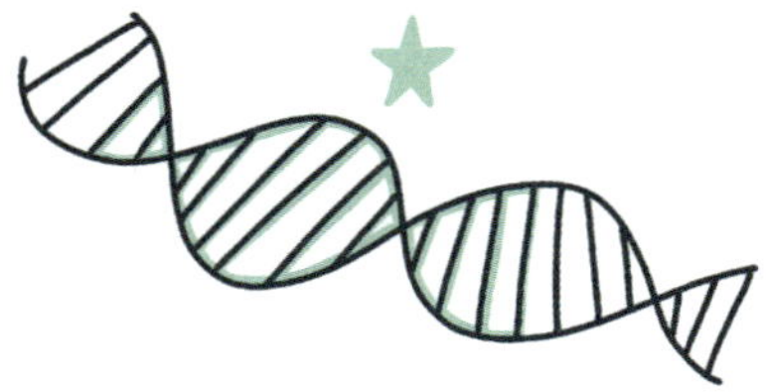

NOUS SOMMES TOUS PORTEURS D'EN MOYENNE 70 NOUVELLES MUTATIONS.

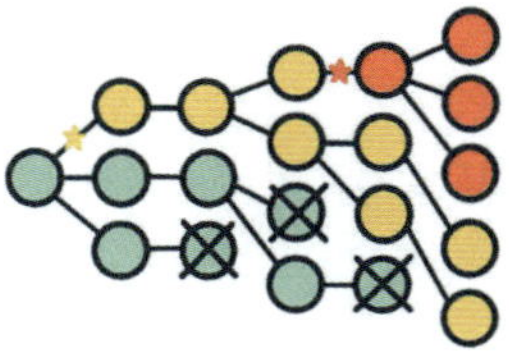

LA MAJORITÉ DE CES MUTATIONS NE CHANGENT RIEN. SEULES UNE INFIME PARTIE D'ENTRE ELLES SERONT RETENUES PAR LA SÉLECTION NATURELLE CAR LES INDIVIDUS QUI LES PORTENT SURVIVENT OU SE REPRODUISENT MIEUX.

L'ÉTUDE DU PASSÉ DES HUMAINS INDIQUE QU'IL FAUT PLUSIEURS MILLIERS D'ANNÉES POUR QUE, PAR SÉLECTION NATURELLE, UNE MUTATION AVANTAGEUSE DEVIENNE FRÉQUENTE DANS UNE POPULATION.

QUELLE SÉLECTION NATURELLE ?

AVANT LES 200 DERNIÈRES ANNÉES, LA SÉLECTION NATURELLE CHEZ L'HUMAIN JOUAIT À LA FOIS SUR LA FERTILITÉ ET LA SURVIE. LES MUTATIONS ONT PERMIS À NOS ANCÊTRES DE S'ADAPTER À LEUR ENVIRONNEMENT.

Comme au taux d'ensoleillement, à l'altitude ou à la nourriture.

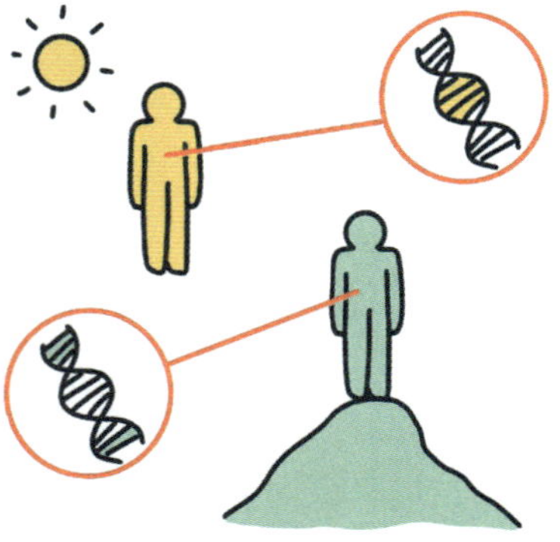

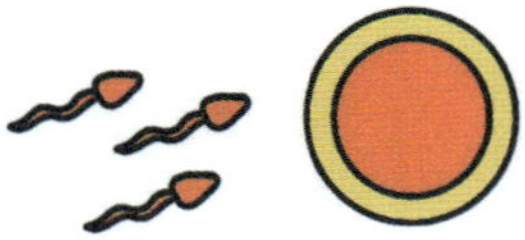

OR, DEPUIS 200 ANS, DANS LES PAYS RICHES, L'AMÉLIORATION DE LA QUALITÉ DE VIE FAIT QUE LA SÉLECTION NATURELLE JOUE SUR LA FERTILITÉ ET NON PLUS TANT SUR LA SURVIE.

ORIENTER NOTRE ÉVOLUTION

OUTRE TOUTES LES QUESTIONS ÉTHIQUES QUE CELA SOULÈVE, IL EST BIOLOGIQUEMENT VAIN D'IMAGINER QUE NOUS POURRIONS MODIFIER NOTRE GÉNOME POUR DEVENIR PLUS GRAND·ES, PLUS INTELLIGENT·ES, VOIRE IMMORTEL·LES SOIT PARCE QUE CES CAPACITÉS :

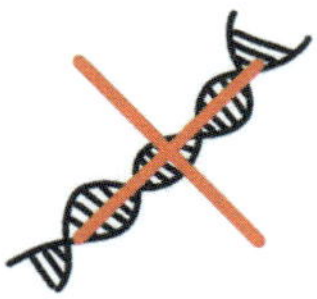

NE SONT PAS CODÉES GÉNÉTIQUEMENT

Comme l'immortalité

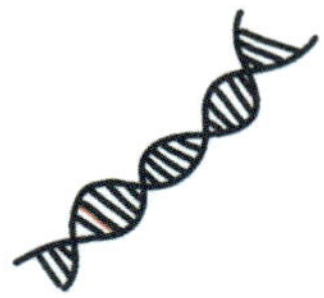

DÉPENDENT TRÈS PEU DE NOTRE ADN

Comme l'intelligence

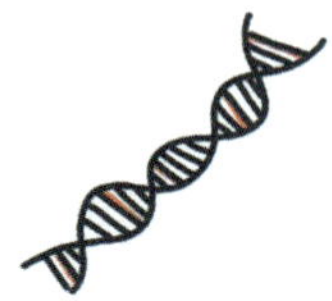

IMPLIQUENT DES MILLIERS DE PARTIES DE NOTRE ADN

Comme la stature

ALORS, QUE PEUT-ON PRÉDIRE ?

IL EST IMPOSSIBLE DE SAVOIR DANS QUELLES DIRECTIONS IRA L'ÉVOLUTION HUMAINE, CAR CELA DÉPEND DU HASARD DES MUTATIONS ET DE L'ENVIRONNEMENT DANS LEQUEL NOUS VIVRONS À L'AVENIR.

MAIS RAPPELONS UNE CHOSE : POUR QUE LA SÉLECTION NATURELLE PUISSE SE PRODUIRE SUR DES MILLÉNAIRES, IL FAUT QUE L'ENVIRONNEMENT SOIT LE MÊME PENDANT DES MILLIERS D'ANNÉES.

NOUS N'AURONS DONC PAS LES JAMBES PLUS COURTES CAR NOUS MARCHONS MOINS, NI UN 6e DOIGT POUR MIEUX UTILISER NOS SMARTPHONES. NOTRE ASPECT HUMAIN GÉNÉRAL NE CHANGERA PAS.

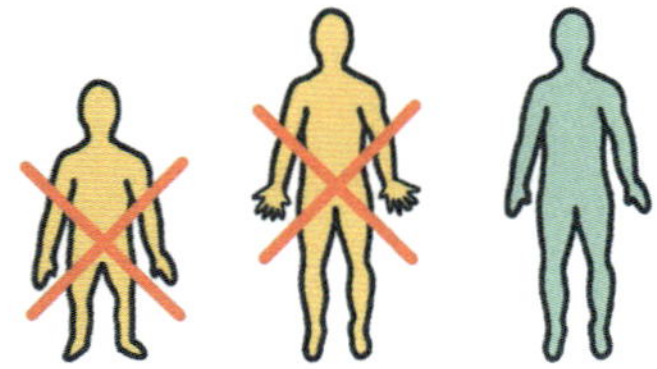

EN REVANCHE, NOTRE PASSÉ MONTRE QUE NOTRE ESPÈCE A BEAUCOUP MIGRÉ AU FIL DES MILLÉNAIRES, PARCOURANT DES DISTANCES DE PLUS EN PLUS LONGUES.

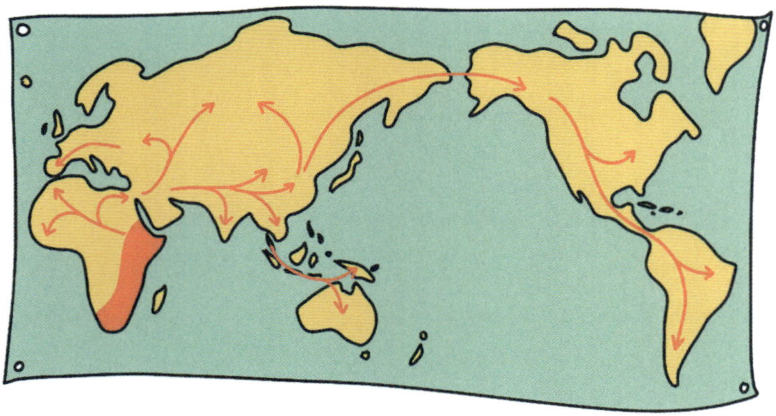

LA MIGRATION FAIT PARTIE DU SUCCÈS DE NOTRE ESPÈCE, UN AVENIR SANS CES ÉCHANGES EST IRRÉALISTE.

IL EST DONC TOUT À FAIT RAISONNABLE DE PENSER QUE DANS LE FUTUR APPARAÎTRONT DE NOUVELLES COMBINAISONS D'APPARENCES QUE CE SOIT LA COULEUR DE PEAU, CELLE DES YEUX OU DES CHEVEUX.

CE QUE L'ON PEUT VRAIMENT PRÉDIRE POUR LES ANNÉES À VENIR, C'EST QUE NOUS ATTEINDRONS UN PIC DÉMOGRAPHIQUE D'ENVIRON 10 MILLIARDS D'HUMAINS DANS 30 OU 50 ANS.

LE MOT DE LA FIN

AVEC CE PIC DÉMOGRAPHIQUE, IL EST INDISPENSABLE QUE LES HABITANTS DES PAYS LES PLUS CONSOMMATEURS DE RESSOURCES FASSENT DÈS MAINTENANT LEUR TRANSITION VERS UNE CONSOMMATION EN ADÉQUATION AVEC LE FUTUR DE LA PLANÈTE.

Question n° 6

POURQUOI PARLE-T-ON TOUJOURS DES MÊMES ESPÈCES ?

PROTÉGER, OUI, MAIS QUI ?

AVEC AU MOINS HUIT MILLIONS D'ESPÈCES (MAIS PEUT-ÊTRE BIEN PLUS), ET AU BAS MOT UN MILLION D'ENTRE ELLES MENACÉES D'EXTINCTION, IL EST ÉVIDENT QUE LA BIOLOGIE DE LA CONSERVATION NE PEUT PAS PROTÉGER TOUTES CELLES QUI DEVRAIENT L'ÊTRE.

DE FAIT, LES ÉTUDES SCIENTIFIQUES SONT PLUS SOUVENT BASÉES SUR UN NOMBRE RÉDUIT D'ESPÈCES...

...DONT LES ESPÈCES CHARISMATIQUES, QUI POSSÈDENT UN STATUT PARTICULIER : COMME ELLES PLAISENT AU PUBLIC, ELLES SONT BEAUCOUP PLUS SOUVENT MISES EN AVANT.

UNE ÉQUIPE DE CHERCHEURS A DRESSÉ LA LISTE DES 10 ESPÈCES LES PLUS CHARISMATIQUES POUR LE PUBLIC OCCIDENTAL :

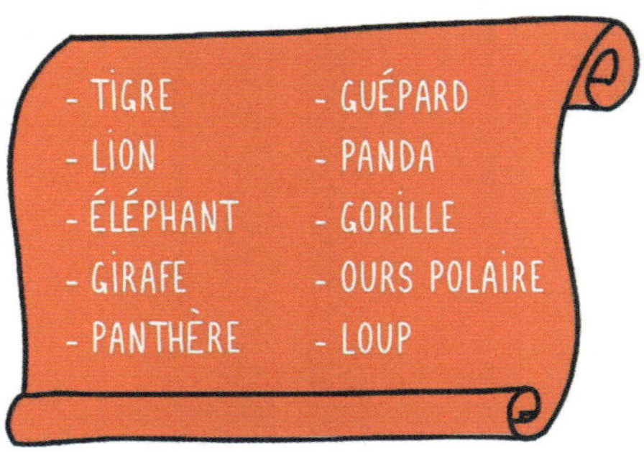

OR, 9 DE CES 10 ESPÈCES SONT MENACÉES D'EXTINCTION À COURT TERME.

LES ESPÈCES CHARISMATIQUES

LA SCIENCE NE CONNAÎT QUE TRÈS PEU DE CHOSES SUR CES ESPÈCES. PAR EXEMPLE, LE NOMBRE PRÉCIS DE PANTHÈRES, D'ÉLÉPHANTS OU DE GORILLES N'EST TOUJOURS PAS CONNU.

MAIS LE PLUS GRAND PARADOXE, C'EST QUE BIEN QU'ELLES SOIENT AIMÉES DU PUBLIC, CELUI-CI IGNORE QU'ELLES SONT EN TRAIN DE DISPARAÎTRE, ET DONC NE RISQUE PAS DE SE MOBILISER POUR LES SAUVER.

L'OMNIPRÉSENCE DE CES ANIMAUX DANS LA CULTURE ET LE MARKETING *(films, livres et jouets pour enfants, publicités, logos)* DONNE UNE FAUSSE IMPRESSION D'ABONDANCE ALORS QU'ILS SONT EN SÉVÈRE DÉCLIN À L'ÉTAT SAUVAGE.

Par exemple, en moyenne une personne en France voit durant un mois plus de représentations de lions qu'il n'en reste dans toute l'Afrique de l'Ouest.

LES SCIENTIFIQUES PROPOSENT QUE LES ENTREPRISES QUI UTILISENT DES ESPÈCES MENACÉES À DES FINS DE MARKETING CONTRIBUENT AUX CAMPAGNES D'INFORMATION SUR LEUR CONSERVATION ET QU'UNE PARTIE DE LEURS BÉNÉFICES SOIT REVERSÉE À LEUR PROTECTION.

QU'EST-CE QUI EN FAIT DES ESPÈCES CHARISMATIQUES ?

UNE AUTRE ÉTUDE MONTRE QU'IL N'EXISTE PAS UN MAIS PLUSIEURS TYPES DE CHARISME :

MIGNON	TERRIFIANT	IMPOSANT	ESTHÉTIQUE	ANTHROPOMORPHIQUE
panda koala…	requin blanc crocodile…	éléphant baleine…	zèbre dauphin…	gorille chimpanzé…

CES TRAITS NE SONT PAS UNIVERSELS ET SONT EN PARTIE DICTÉS PAR UN BIAIS CULTUREL. L'ÉLÉPHANT N'EST PAS AUSSI POPULAIRE CHEZ L'AGRICULTEUR AFRICAIN QUI VOIT SES RÉCOLTES PILLÉES, NI LE TIGRE CHEZ L'ÉLEVEUR INDIEN, QUI RISQUE DE SE FAIRE DÉVORER AVEC SES VACHES.

DISPARITION SILENCIEUSE DE LA BIODIVERSITÉ COMMUNE

POURTANT, LES MOINEAUX ET AUTRES ESPÈCES COMMUNES DISPARAISSENT AUSSI, ET ON NE SEMBLE PAS S'EN ÉMOUVOIR PARTICULIÈREMENT…

…EN TRENTE ANS, 30 % DES OISEAUX COMMUNS ONT DISPARU EN FRANCE ET PRÈS DE 80 % DES INSECTES VOLANTS AURAIENT DISPARU DE CERTAINES PARTIES D'EUROPE.

CETTE VÉRITABLE HÉCATOMBE DEVRAIT NOUS PANIQUER, MAIS IL N'EN EST RIEN.

PUISQU'ON NE PRÊTE PAS FORCÉMENT LE MÊME EFFORT DE CONSERVATION AUX ESPÈCES COMMUNES QU'AUX ESPÈCES CHARISMATIQUES, QU'EN EST-IL DES ESPÈCES ANTI-CHARISMATIQUES : CELLES QUE PERSONNE N'AIME ?

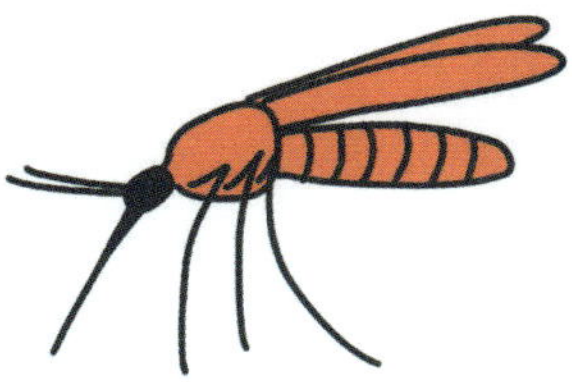

CITONS L'EXEMPLE DES MOUSTIQUES (3000 ESPÈCES !) : PERSONNE NE LES AIME CAR ILS PERTURBENT NOS NUITS D'ÉTÉ MAIS SURTOUT PARCE QU'UNE DIZAINE D'ENTRE EUX SONT VECTEURS DE PATHOGÈNES.

NON SEULEMENT NOUS AVONS TOUT MIS EN ŒUVRE DEPUIS DES SIÈCLES POUR NOUS EN DÉBARRASSER, MAIS L'IDÉE DE LEUR EXTINCTION N'ÉMEUT PAS GRAND MONDE.

POURTANT, LEURS LARVES ET LEURS ADULTES NOURRISSENT UNE MULTITUDE D'ESPÈCES. LES MOUSTIQUES MÂLES SONT ÉGALEMENT D'IMPORTANTS POLLINISATEURS...

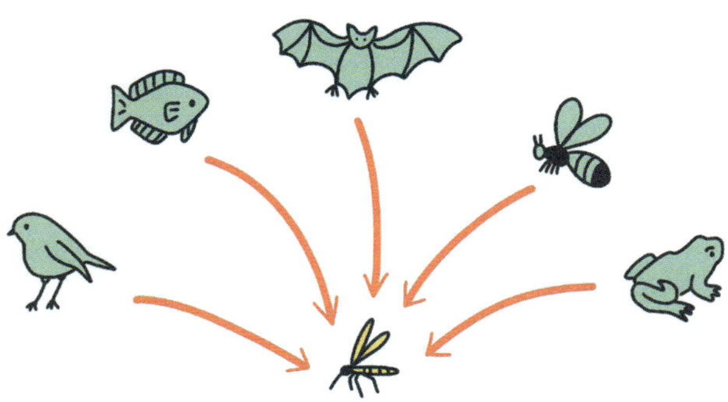

LE MOT DE LA FIN

LA CONSERVATION DES ESPÈCES EST ORIENTÉE PAR LES FILTRES CONSCIENTS ET INCONSCIENTS DES PRÉFÉRENCES HUMAINES.

OR, NOS PRÉFÉRENCES NE NOUS POUSSENT PAS FORCÉMENT À FAIRE LES BONS CHOIX, SI TANT EST QU'IL Y EN AIT…

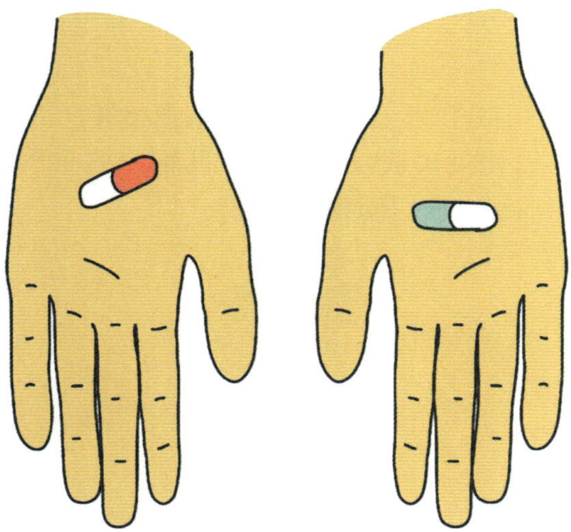

Question n° 7

VOYONS-NOUS TOUS LA BIODIVERSITÉ DE LA MÊME MANIÈRE ?

VIVRE EN HARMONIE AVEC SON ENVIRONNEMENT ?

IL N'EST PAS RARE D'ENTENDRE QUE LES SOCIÉTÉS AUTOCHTONES VIVENT EN HARMONIE AVEC LEUR ENVIRONNEMENT NATUREL ET EN SONT LES MEILLEURES " GARDIENNES " CAR ELLES ONT DÉVELOPPÉ DES FAÇONS DE VIVRE ET D'UTILISER LES RESSOURCES À FAIBLE IMPACT.

À LA SAISON HUMIDE, LES ZAGHAWA DÉPLACENT LEURS CHAMEAUX ET LEURS MOUTONS VERS LE NORD, EN DIRECTION DES PÂTURAGES DU SAHARA, EN EMPRUNTANT DES ITINÉRAIRES PARALLÈLES SÉPARÉS, QUI LAISSENT DES HERBAGES INDEMNES POUR LE RETOUR.

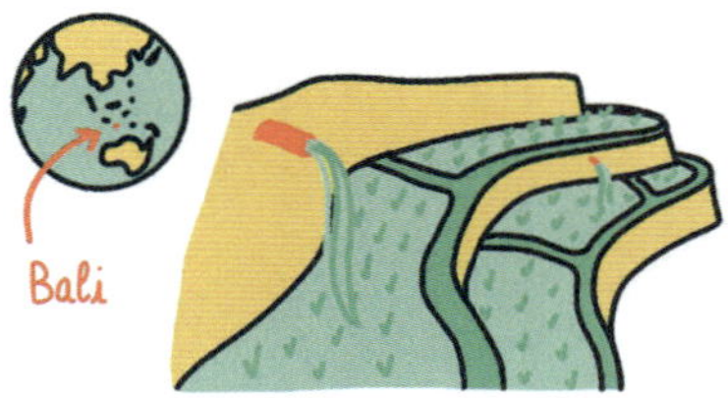

DEPUIS DES TEMPS IMMÉMORIAUX, LES PRÊTRES DES TEMPLES ET LES RIZICULTEURS UTILISENT UN SYSTÈME PERFORMANT DE DISTRIBUTION D'EAU QUI SERT AUSSI À LUTTER CONTRE LES RAVAGEURS.

LES KAYAPO PRATIQUENT LA "CULTURE NOMADE" EN CULTIVANT LES PLANTES UTILES DANS DES "ÎLES RESSOURCES" EN PLEINE FORÊT. CES PRATIQUES PERMETTENT DE LUTTER CONTRE LA DÉFORESTATION MAIS SEMBLENT AUSSI DIVERSIFIER ET FORTIFIER CES PARTIES DE LA FORÊT.

POINTS COMMUNS DES RELATIONS DES PEUPLES AUTOCHTONES À L'ENVIRONNEMENT

LA PLUPART DES POPULATIONS AUTOCHTONES ONT UNE RELATION SPIRITUELLE ET MATÉRIELLE À LA TERRE ET SES RESSOURCES ET PARTAGENT UN CERTAIN NOMBRE DE POINTS COMMUNS :

1

IL EXISTE UNE RELATION INTIME ENTRE CES PEUPLES ET LEURS TERRES, LEURS TERRITOIRES ET LEURS RESSOURCES.

2

CETTE RELATION A DES IMPLICATIONS ET DES FONCTIONS SOCIALES, CULTURELLES, SPIRITUELLES, ÉCONOMIQUES ET POLITIQUES.

3

CETTE RELATION REVÊT UNE DIMENSION COLLECTIVE IMPORTANTE.

4

L'ASPECT INTERGÉNÉRATIONNEL EST ESSENTIEL À L'IDENTITÉ, À LA SURVIE ET À LA VIABILITÉ CULTURELLE DE CES PEUPLES.

LEUR ENVIRONNEMENT N'EST DONC PAS QU'UNE QUESTION DE SUBSISTANCE, MAIS AUSSI UN ÉLÉMENT ESSENTIEL DE LA VIE COMMUNAUTAIRE ET MÊME UNE CONTINUITÉ DE LEUR CULTURE ET DE LEUR SOCIÉTÉ.

POUR LES AUTOCHTONES, LE MOT "TERRE" A UN SENS TRÈS LARGE QUI RECOUVRE TOUS LES ÉLÉMENTS DE L'ENVIRONNEMENT : C'EST CE QUE LES ÉCOLOGUES APPELLENT LA BIOSPHÈRE.

POUR CES PEUPLES, LA TERRE ASSURE LA VIE ELLE-MÊME ET DOIT ÊTRE TRAITÉE EN CONSÉQUENCE, C'EST-À-DIRE AVEC RESPECT.

FONDAMENTALEMENT UNE RELATION NON-ANTHROPOCENTRIQUE

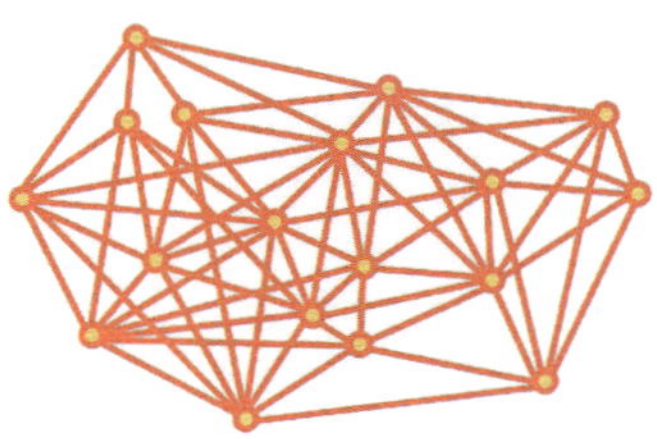

EN ADOPTANT CETTE VISION GLOBALE D'UN "TOUT" COMPLEXE (L'UNIVERS ENTIER) INTERCONNECTÉ, LES PEUPLES AUTOCHTONES NE PLACENT DONC PAS L'HUMAIN AU CENTRE CAR LES HOMMES ET LA TERRE SONT DES ÉLÉMENTS D'UN "TOUT" PLUS VASTE.

CES PEUPLES ONT ÉGALEMENT UNE VISION TEMPORELLE DE CE "TOUT" OÙ PASSÉ, PRÉSENT ET FUTUR SONT LIÉS. C'EST POURQUOI, POUR EUX, LA TERRE N'EST PAS UNE SIMPLE ÉTENDUE MAIS UNE PARTIE DU CORPS SOCIAL ET LA DEMEURE DES ANCÊTRES.

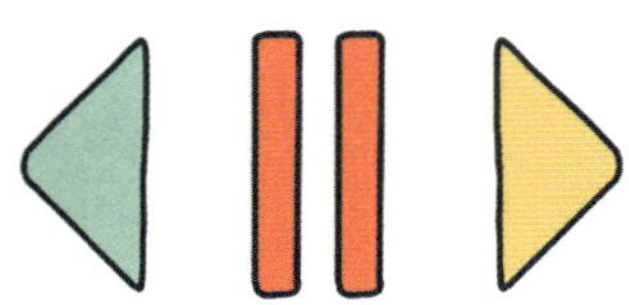

ÊTRE PARTIE DU VIVANT IMPLIQUE UN DEVOIR DE PRÉSERVATION

LES MODES DE VIE DE CES POPULATIONS REPOSENT SUR UN SYSTÈME DE VALEURS QUI AUTORISE, PRESCRIT OU PROHIBE LES ACTIONS ET QUI EST TRANSMIS DES PARENTS AUX ENFANTS AVEC UN DOUBLE OBJECTIF :

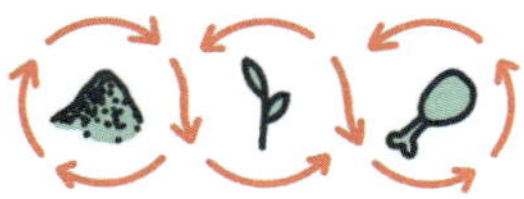

Gérer les terres et les ressources de manière durable

Renforcer les liens de chacun avec la terre et ses créatures

CE SYSTÈME, QUI REPRÉSENTE UNE SORTE DE DROIT DE L'ENVIRONNEMENT, FIXE LES BORNES ET TEND À ÉVITER LES ABUS.

LE MOT DE LA FIN

LE TYPE DE RELATIONS QUE CES PEUPLES ENTRETIENNENT AVEC LEURS TERRES ET, AU SENS PLUS LARGE, AVEC LA NATURE, NOUS SEMBLE ATYPIQUE POUR PLUSIEURS RAISONS :

Nous avons dissocié nos sociétés de la nature depuis longtemps

Notre concept de nature est exempt d'êtres humains

Nous exploitons nos ressources dans le but de servir notre seule espèce

Nous mettons notre espèce au centre voire au-dessus de tout

Question n° 8

PEUT-ON PARLER DE NATURE VIERGE ?

NATURE VIERGE ET " WILDERNESS "

LA NOTION DE "WILDERNESS" EST UNE IDÉE PUISSANTE DANS L'IMAGINAIRE COLLECTIF AMÉRICAIN QUI ÉVOQUE UN PASSÉ PRÉ-COLOMBIEN DANS LEQUEL LA NATURE AURAIT ÉTÉ VIERGE DE TOUTE TRANSFORMATION PAR LES ACTIVITÉS HUMAINES.

CET IMAGINAIRE EST DIRECTEMENT LIÉ AU RÉCIT COLONIAL QUI TEND À EFFACER LES CIVILISATIONS ANTÉRIEURES À LA COLONISATION EUROPÉENNE OU À LES ASSIMILER À DES TRIBUS SAUVAGES QUI APPARTIENNENT À LA NATURE.

L'IDÉE QUE LA NATURE DÉCOUVERTE PAR LES PIONNIERS AMÉRICAINS SERAIT SAUVAGE ET NON TRANSFORMÉE PAR LES ACTIVITÉS HUMAINES EST À LA FOIS :

UNE MÉPRISE HISTORIQUE

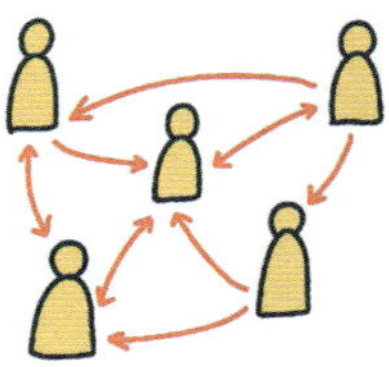

AVANT LA COLONISATION EUROPÉENNE, DE NOMBREUX PEUPLES AUTOCHTONES ÉTAIENT ORGANISÉS EN SOCIÉTÉS COMPLEXES, DOTÉES D'INSTITUTIONS ÉLABORÉES, LIÉES PAR DES RELATIONS POLITIQUES ET GÉOPOLITIQUES À GRANDE ÉCHELLE.

UNE ERREUR ÉCOLOGIQUE

LA FORÊT AMAZONIENNE ÉTAIT EN PARTIE STRUCTURÉE PAR L'AGRICULTURE SUR BRÛLIS ET DE NOMBREUSES ESPÈCES MONTRENT DES LIGNÉES DOMESTIQUÉES OU SEMI-DOMESTIQUÉES.

EN AMÉRIQUE DU NORD, L'IMPRESSION DE « VIRGINITÉ » ET D'ABSENCE D'INFLUENCE HUMAINE S'EXPLIQUE PAR L'ETHNOCIDE QUI RAVAGEA LES POPULATIONS AUTOCHTONES SUITE À LA COLONISATION :

Épidémies — Privation des terres — Esclavage — Guerres — Persécutions

ON ESTIME QUE LA COLONISATION A FAIT DISPARAÎTRE PLUS DE 80 % DE LA POPULATION AUTOCHTONE EN À PEINE UN SIÈCLE.

NATURE VIERGE ET ÉCOFÉMINISME

CERTAINS ÉCRITS ÉCOFÉMINISTES SOULIGNENT LES SIMILITUDES DE LANGAGE ET D'IDÉOLOGIE FAISANT RÉFÉRENCE, DANS LES CULTURES JUDÉO-CHRÉTIENNES, AUX FEMMES ET À LA NATURE.

Elles peuvent être vierges ou fertiles...

... doivent être ensemencées pour donner leurs fruits...

... doivent être domptées pour ne pas menacer l'ordre social...

LE COUPLE FEMME / NATURE REPRÉSENTERAIT DONC LE CHAOS ET SERAIT EN OPPOSITION AVEC LES VERTUS MASCULINES ET PLUS GÉNÉRALEMENT AVEC LE COUPLE HOMME / CULTURE.

LA NOTION DE « NATURE VIERGE » RENVOIE ALORS À L'IDÉE D'UN PARADIS PERDU, UN JARDIN D'ÉDEN SUBLIME ET SACRÉ QUI N'A PAS ENCORE ÉTÉ SOUILLÉ PAR LE PÉCHÉ ORIGINEL.

NATURE VIERGE ET ANTHROPOCÈNE

L'IDÉE D'UNE NATURE TOTALEMENT INDEMNE DE L'INFLUENCE HUMAINE SE CONFRONTE À LA RÉALITÉ D'UN MONDE ENTRÉ DANS UNE NOUVELLE ÈRE : L'ANTHROPOCÈNE, CARACTÉRISÉ PAR L'INFLUENCE PLANÉTAIRE DES ACTIVITÉS HUMAINES SUR :

LA GÉOSPHÈRE

(fonte des glaciers, omniprésence des polluants, radioactivité, etc)

LA BIOSPHÈRE

(circulation mondiale des espèces, sixième extinction, défaunation, etc)

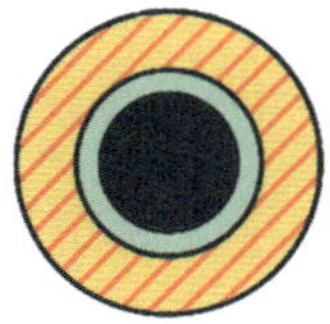

L'ATMOSPHÈRE

(concentration de GES dans l'atmosphère, trous dans la couche d'ozone, etc)

LES ACTIVITÉS HUMAINES ONT LARGEMENT TRANSFORMÉ, CO-CONSTRUIT OU DÉTRUIT LES MILIEUX NATURELS SUR LE TRÈS LONG TERME.

DE NOMBREUX MILIEUX QUI PEUVENT AUJOURD'HUI NOUS PARAÎTRE NATURELS SONT EN RÉALITÉ LE FRUIT D'UNE LONGUE CO-ÉVOLUTION ENTRE LES DYNAMIQUES DU MONDE SAUVAGE ET LES SOCIÉTÉS HUMAINES.

CETTE CO-ÉVOLUTION EST SI ANCIENNE QUE CERTAINS AUTEURS CONSIDÈRENT QUE L'INFLUENCE HUMAINE A ÉTÉ STRUCTURANTE POUR PRESQUE TOUS LES ÉCOSYSTÈMES TERRESTRES.

DOIT-ON EN FINIR AVEC LA “NATURE VIERGE” ?

OUI

LE MYTHE D’UNE NATURE INTOUCHÉE, EN PLUS D’ÊTRE TRÈS ÉLOIGNÉ DE LA RÉALITÉ, A CRÉÉ UNE IDÉOLOGIE PARADOXALE QUI, D’UN CÔTÉ, IDÉALISE LA NATURE VIERGE ET DE L’AUTRE, DÉNONCE SON CARACTÈRE INSOUMIS ET CHAOTIQUE.

DANS LES DEUX CAS, CETTE NATURE VIERGE NE SEMBLE JAMAIS PARFAITE AUX YEUX DES HOMMES (*cf. Chapitre 1*)...

...TOUT COMME LES FEMMES (*si l’on prolonge l’analogie entre nature et féminité dans les cultures judéo-chrétiennes*) AVEC D’UN CÔTÉ LA VIERGE MARIE, QUI NE PEUT SIMPLEMENT PAS EXISTER ET ÈVE, INSOUMISE ET DÉSOBÉISSANTE, DE L’AUTRE.

MAIS NON

CAR CETTE NOTION DE “ NATURE VIERGE ” NOUS POUSSE À RESPECTER ET PRÉSERVER LES RARES MILIEUX PAS OU PEU ANTHROPISÉS POUR DES RAISONS :

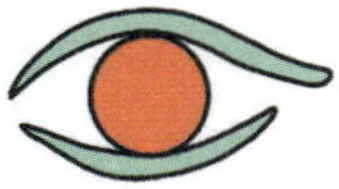

ÉPISTÉMOLOGIQUES

Voir ce qu’il advient quand les humains ne sont pas le principal moteur des relations écologiques

POLITIQUES

Entraver la “mise au travail de la nature” qui est au cœur des modèles capitalistes de croissance productiviste

PHILOSOPHIQUES

Accepter que l’humain puisse ne pas être partout chez lui

LE MOT DE LA FIN

ET SI LA "VIRGINITÉ" ÉTAIT UNE QUESTION DE DEGRÉS PLUTÔT QUE DE NATURE ?

IL NE S'AGIT ALORS PLUS D'OPPOSER DES ESPACES TOTALEMENT VIERGES À DES ESPACES TOTALEMENT ANTHROPISÉS MAIS DE RENDRE COMPTE DU GRADIENT ENTRE LES DEUX.

LA PRÉSERVATION OU LA RESTAURATION D'ESPACES TRÈS PEU INFLUENCÉS PAR LES ACTIVITÉS HUMAINES EST UNE FAÇON DE MAINTENIR LE GRADIENT LE PLUS LARGE POSSIBLE...

NON PAS QUE LA NATURE SAUVAGE VAILLE ESSENTIELLEMENT PLUS OU MIEUX QUE LA NATURE ANTHROPISÉE, MAIS SIMPLEMENT PARCE QU'ELLE EST DE PLUS EN PLUS RARE ET MENACÉE.

Question n° 9

POURQUOI DIT-ON QUE L'ON EST DANS LA SIXIÈME CRISE D'EXTINCTION ?

QU'EST-CE QU'UNE CRISE ET COMMENT L'ÉTUDIER ?

L'ÉVOLUTION DE LA BIODIVERSITÉ EST ÉTROITEMENT LIÉE AUX CHANGEMENTS QUE NOTRE PLANÈTE A SUBI ET DEPUIS L'APPARITION DE LA VIE SUR TERRE, IL Y A 3,8 MILLIARDS D'ANNÉES, ELLE N'A ÉTÉ NI RÉGULIÈRE NI CONTINUE, ENCHAÎNANT DES PHASES :

DE STABILITÉ

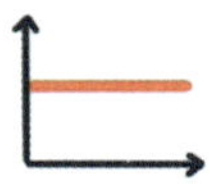

extinctions = apparitions d'espèces

D'EXPANSION

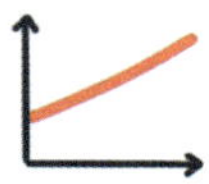

apparitions supérieures aux extinctions

D'EXTINCTION MASSIVE

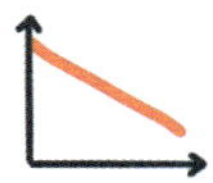

extinctions supérieures aux apparitions

POUR QU'UNE CRISE SOIT CONSIDÉRÉE COMME MAJEURE, ELLE DOIT RÉPONDRE À 3 CRITÈRES :

TAXONOMIQUE

IL DOIT Y AVOIR UNE CHUTE DRASTIQUE DE LA BIODIVERSITÉ ET DE LA BIOMASSE.

TEMPOREL

ELLE DOIT SE DÉROULER RAPIDEMENT À L'ÉCHELLE DES TEMPS GÉOLOGIQUES (DANS LES 1 À 2 MILLIONS D'ANNÉES (MA)).

GÉOGRAPHIQUE

ELLE DOIT ÊTRE RESSENTIE À L'ÉCHELLE DU GLOBE OU SUR DE TRÈS GRANDES DISTANCES.

LES PALÉONTOLOGUES IDENTIFIENT LES CRISES D'EXTINCTION MASSIVE EN PROCÉDANT AINSI :

ANALYSE DU REGISTRE FOSSILE & ÉTUDE DES PHYLOGÉNIES RECONSTRUITES

SORTE D'ARCHIVE TEMPORELLE QUI PERMET D'ESTIMER LES TAUX DE SPÉCIATION ET D'EXTINCTION À TRAVERS LE TEMPS.

DESCRIPTION DES RELATIONS ÉVOLUTIVES ENTRE LES ESPÈCES EXISTANTES (DÉDUITES DES SÉQUENCES D'ADN).

LES CINQ CRISES DES TEMPS GÉOLOGIQUES

CINQ ÉVÉNEMENTS D'EXTINCTION MASSIVE ONT ÉTÉ IDENTIFIÉS PAR LES PALÉONTOLOGUES AU COURS DES 542 DERNIERS MILLIONS D'ANNÉES (MA) :

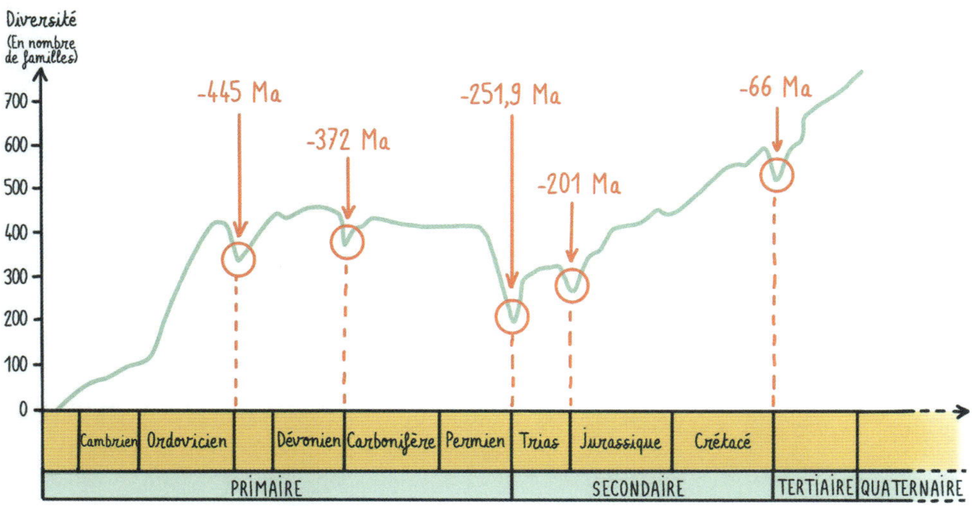

CRISE N°1

DATE : -445 MA
DURÉE : 1 MA

CAUSES :

- Refroidissement intense
- Baisse du niveau marin
- PUIS
- Fort réchauffement
- Hausse du niveau marin

CONSÉQUENCES : Extinction d'espèces marines en majorité.

CRISE N°2

DATE : -372 MA
DURÉE : 1 MA

CAUSES :

- Réchauffement intense
- Faible taux d'O_2 des océans
- Chutes de météorites
- PUIS
- Fort refroidissement

CONSÉQUENCES : Extinction d'espèces marines en majorité.

CRISE N°3

DATE : -251,9 MA
DURÉE : 1 MA

CAUSES :

- Réchauffement intense
- Volcanisme intense
- Gaz toxiques en forte concentration
- Faible taux d'O_2 des océans

CONSÉQUENCES : Disparition de 95% des espèces terrestres et 70% des espèces marines.

CRISE N°4

DATE : -201 MA
DURÉE : 1 MA

CAUSES :

- Volcanisme intense
- Baisse du niveau marin
- Baisse de la salinité des océans

CONSÉQUENCES : Intensité des extinctions mal connue.

CRISE N°5

DATE : -66 MA
DURÉE : 600 000 ANS

CAUSES :

- Volcanisme intense
- Baisse du niveau marin
- Chute d'une météorite géante (10 km de diamètre)

CONSÉQUENCES : Disparition des dinosaures et des grands reptiles marins.

LA SIXIÈME CRISE ACTUELLE

DEPUIS QUELQUES DÉCENNIES, LES ACTIVITÉS HUMAINES GÉNÈRENT DES CHANGEMENTS ENVIRONNEMENTAUX MAJEURS.

LA PERTE D'HABITAT, LE RÉCHAUFFEMENT CLIMATIQUE, LA SUREXPLOITATION ET LA POLLUTION EXERCENT UNE FORTE PRESSION SUR LES ÉCOSYSTÈMES ET LA BIODIVERSITÉ.

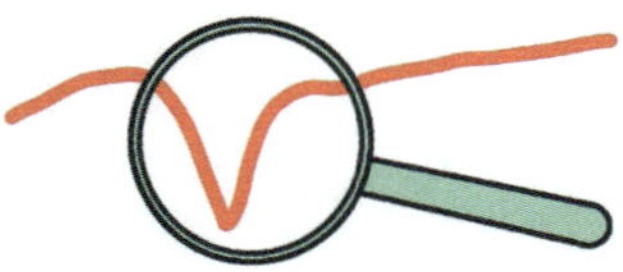

L'ÉTUDE DES EXTINCTIONS PASSÉES EST TRÈS IMPORTANTE CAR ELLE PERMET D'ÉVALUER LES TAUX D'EXTINCTION DE FOND ET DE DIAGNOSTIQUER LES CHANGEMENTS DE TAUX CAUSÉS PAR LES HUMAINS.

GRÂCE À ELLE, NOUS SOMMES AUJOURD'HUI CERTAINS D'ÊTRE CONFRONTÉS À UNE SIXIÈME CRISE D'EXTINCTION MASSIVE...

...CAR DES ESPÈCES DE TOUS LES GROUPES, DES VERTÉBRÉS AUX INVERTÉBRÉS EN PASSANT PAR LES PLANTES, SONT ACTUELLEMENT MENACÉES D'EXTINCTION. ON ESTIME QUE 20% DES ESPÈCES ANIMALES ET VÉGÉTALES SONT MENACÉES OU RISQUENT DE DISPARAÎTRE EN QUELQUES DÉCENNIES.

LES TAUX D'EXTINCTION ACTUELS SONT 1000 À 10 000 FOIS PLUS ÉLEVÉS QUE CEUX DES EXTINCTIONS MASSIVES ANCIENNES.

LE MOT DE LA FIN

LA 6e CRISE D'EXTINCTION EST ENTIÈREMENT CAUSÉE PAR LES HUMAINS.

ELLE EST AUSSI CATASTROPHIQUE QUE LES CRISES DES TEMPS GÉOLOGIQUES MAIS AUSSI BEAUCOUP PLUS RAPIDE ET NOUS EN SUBISSONS DÉJÀ LES CONSÉQUENCES.

MÊME SI NOUS ARRÊTONS TOUT D'ICI 2050 ET NE FAISONS DISPARAÎTRE " QU'UN MILLION " D'ESPÈCES D'ICI LÀ, LA BIODIVERSITÉ METTRA PLUSIEURS MILLIONS D'ANNÉES À SE RECONSTITUER...

Question n° 10

QU'EST-CE QUI FAIT DISPARAÎTRE UNE ESPÈCE ?

LES ESPÈCES SE MAINTIENNENT NATURELLEMENT CAR LES NAISSANCES COMPENSENT LES MORTS. OR, LES ACTIVITÉS HUMAINES (SURTOUT DEPUIS LA RÉVOLUTION INDUSTRIELLE) AFFECTENT LES AUTRES ESPÈCES.

CINQ GRANDES CAUSES DE PERTE DE BIODIVERSITÉ ONT ÉTÉ IDENTIFIÉES COMME MAJEURES DANS LE SENS OÙ ELLES TOUCHENT :

- TOUTES LES RÉGIONS
- TOUS LES ÉCOSYSTÈMES
- LA PLUPART DES ESPÈCES

LA DESTRUCTION DES HABITATS

ELLE PEUT SE FAIRE DE TROIS FAÇONS :

PERTE

DÉGRADATION

FRAGMENTATION

200 MILLIONS D'HECTARES DE FORÊTS ONT ÉTÉ PERDUS DEPUIS 1990 (*Soit plus que toute l'Europe de l'Ouest*)...

... ET LES CHIFFRES SONT SIMILAIRES POUR LES AUTRES ÉCOSYSTÈMES.

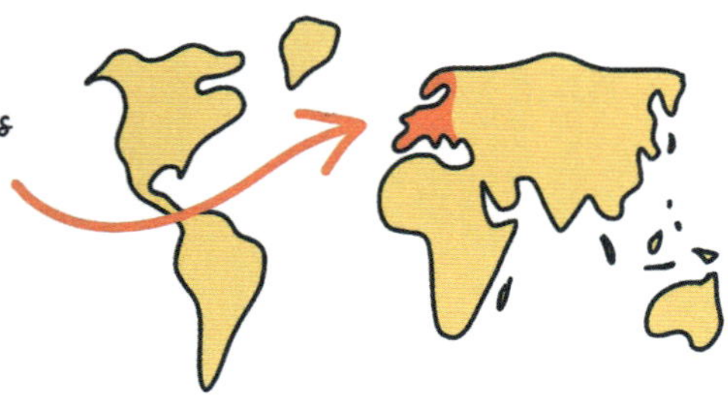

LA SUREXPLOITATION

LA SUREXPLOITATION EST L'EXPLOITATION À DES TAUX SUPÉRIEURS À LA RÉGÉNÉRATION NATURELLE.

IL N'EST PAS NÉCESSAIRE QU'UNE ESPÈCE SOIT TRÈS EXPLOITÉE POUR ÊTRE SUREXPLOITÉE :

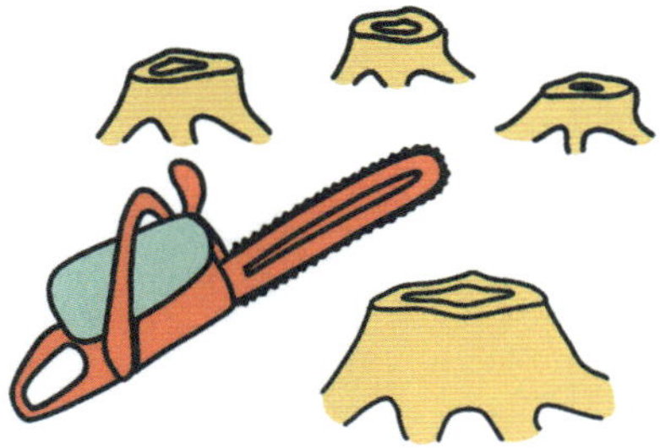

LES GRANDS ARBRES OU LES GRANDS MAMMIFÈRES, DONT LE CYCLE DE VIE EST LONG ET QUI SE REPRODUISENT PEU, PEUVENT ÊTRE SUREXPLOITÉS À DE FAIBLES TAUX.

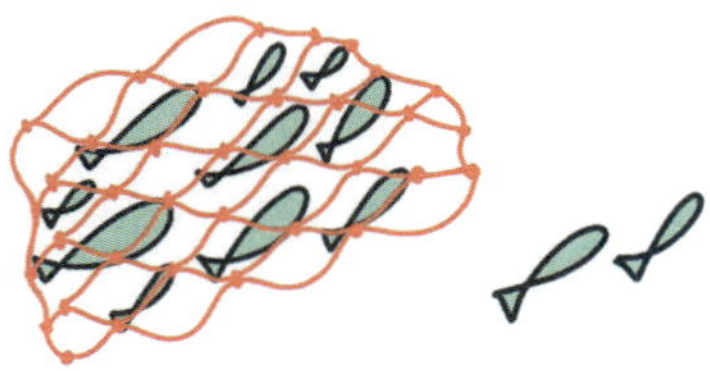

DANS TOUS LES CAS, IL S'AGIT D'EXPLOITATIONS NON ADAPTÉES AUX VOLUMES QUE LES ESPÈCES EN QUESTION SONT CAPABLES DE FOURNIR NATURELLEMENT.

LES INVASIONS BIOLOGIQUES

LA PLUPART DU TEMPS, LORSQU'UNE ESPÈCE EST INTRODUITE PAR LES ACTIVITÉS HUMAINES DANS UN NOUVEL ÉCOSYSTÈME, ELLE NE S'Y ADAPTE PAS ET DISPARAIT.

MAIS LORSQU'ELLE PARVIENT À S'Y ÉTABLIR ET QU'ELLE PROLIFÈRE, C'EST L'ÉCOSYSTÈME ENTIER QUI NE S'Y ADAPTE PAS.

LES INVASIONS BIOLOGIQUES CONCERNENT DES DIZAINES DE MILLIERS D'ESPÈCES PARTOUT DANS LE MONDE ET ONT DES IMPACTS :

ÉCOLOGIQUES

Seconde cause d'extinction des espèces dans les îles

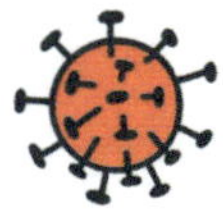

SANITAIRES

Vecteurs de maladies pour l'humain

ÉCONOMIQUES

2000 milliards de dollars de dégâts et pertes depuis 1970

LA POLLUTION

LA POLLUTION DE L'AIR, DE L'EAU ET DU SOL EST MULTIPLE MAIS A TOUJOURS POUR CONSÉQUENCES LA DÉGRADATION ET LA CONTAMINATION DES HABITATS QUI DEVIENNENT NOCIFS POUR LES ESPÈCES QUI Y VIVENT.

LE CHANGEMENT CLIMATIQUE

LE CLIMAT SE DÉRÈGLE FORTEMENT SUITE AU REJET DE GRANDES QUANTITÉS DE GAZ À EFFET DE SERRE DANS L'ATMOSPHÈRE DEPUIS LA RÉVOLUTION INDUSTRIELLE. CELA SE TRADUIT PAR :

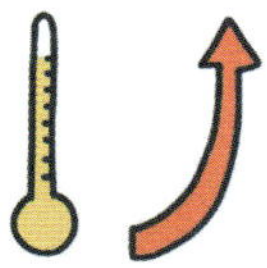

L'AUGMENTATION DE LA TEMPÉRATURE MOYENNE

LE CHANGEMENT DES RÉGIMES DES PLUIES

L'AUGMENTATION DES ÉVÉNEMENTS EXTRÊMES

CES DIFFÉRENTS CHANGEMENTS SE PRODUISENT TROP VITE POUR QUE LES ÉCOSYSTÈMES S'Y ADAPTENT, ENTRAÎNANT DE FORTES MORTALITÉS OU DES MIGRATIONS.

LE MOT DE LA FIN

BIEN SÛR, CES CINQ GRANDES CAUSES AGISSENT SIMULTANÉMENT, PARFOIS EN SYNERGIE, AUGMENTANT DAVANTAGE LES PRESSIONS SUBIES PAR LES ESPÈCES.

Question n° 11

QUELS RAPPORTS ENTRE BIODIVERSITÉ ET CLIMAT ?

RÉGULATION DU CLIMAT

LA BIODIVERSITÉ CONTRIBUE DIRECTEMENT À LA RÉGULATION DU CLIMAT À TRAVERS TROIS PROCESSUS MAJEURS :

RÔLE DANS LE CYCLE DU CARBONE

LES VÉGÉTAUX, LES MICRO-ORGANISMES DES SOLS ET DE NOMBREUX ORGANISMES MARINS ONT LA CAPACITÉ D'ABSORBER ET DE SÉQUESTRER LE CARBONE.
LEUR RÔLE EST ESSENTIEL DANS LA CAPTURE DU DIOXYDE DE CARBONE.

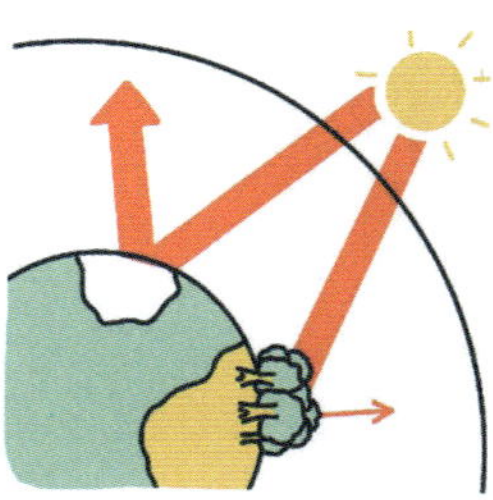

MODULATION DE L'ALBÉDO

L'ALBÉDO EST LA PART D'ÉNERGIE REÇUE DU SOLEIL ET RÉFLÉCHIE PAR LA SURFACE TERRESTRE. CETTE PART VARIE AVEC LA COULEUR DE LA SURFACE. AINSI, UNE FORÊT ABSORBERA PLUS D'ÉNERGIE QU'ELLE N'EN RÉFLÉCHIRA ALORS QUE LA NEIGE FERA L'INVERSE. OR, PLUS L'ÉNERGIE EST RÉFLÉCHIE ET TRAVERSE L'ATMOSPHÈRE, PLUS LA TEMPÉRATURE DE CETTE DERNIÈRE DIMINUE.

RÔLE DANS LE CYCLE DE L'EAU

LES GRANDES FORÊTS TROPICALES JOUENT UN RÔLE PRIMORDIAL DANS LE GRAND CYCLE DE L'EAU VIA LEUR TRANSPIRATION ET LEURS EFFETS SUR L'HUMIDITÉ DE L'ATMOSPHÈRE.

DISPARITION D'ÉCOSYSTÈMES ET DES SERVICES ASSOCIÉS

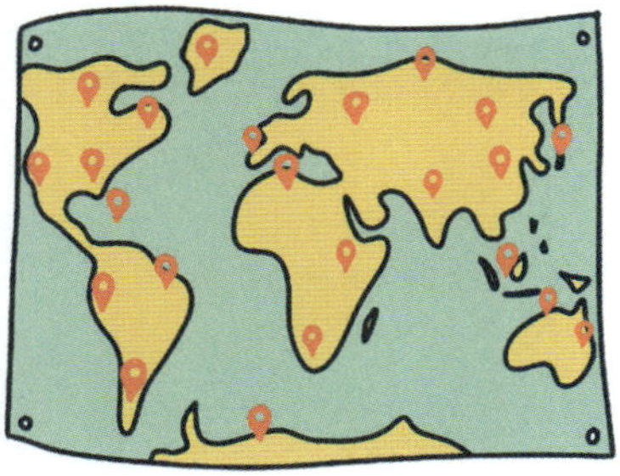

MALHEUREUSEMENT, CES CHANGEMENTS SONT DÉJÀ OBSERVÉS TOUT AUTOUR DU GLOBE, TANDIS QUE DE NOMBREUX AUTRES SONT ATTENDUS.

LA DESTRUCTION D'ÉCOSYSTÈMES ENTIERS EST LA FORME LA PLUS EXTRÊME D'IMPACT DU CHANGEMENT CLIMATIQUE SUR LES SERVICES ÉCOSYSTÉMIQUES. EN VOICI DEUX EXEMPLES :

DISPARITION DES RÉCIFS CORALLIENS

DANS LES MERS TROPICALES, LES RÉCIFS CORALLIENS HÉBERGENT UNE GRANDE DIVERSITÉ D'ESPÈCES ET FOURNISSENT DES SERVICES ÉCOSYSTÉMIQUES AUX POPULATIONS LOCALES :

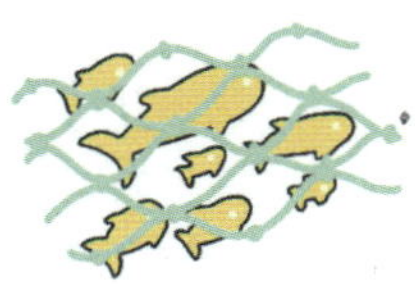

Importantes ressources liées à la pêche

Barrage aux tempêtes et protection des côtes

Importants revenus liés au tourisme sous-marin

LEUR BLANCHISSEMENT, EN RÉPONSE AU RÉCHAUFFEMENT CLIMATIQUE, SIGNE LA FIN BRUTALE DE CES SERVICES.

BOUCLE DE RÉTROACTION DES FORÊTS

À L'ÉCHELLE DE LA PLANÈTE, LA **DISPARITION** DE LA **FORÊT TROPICALE AMAZONIENNE** DUE AU RÉCHAUFFEMENT CLIMATIQUE ENGENDRERA À SON TOUR DES **CONSÉQUENCES DRAMATIQUES** SUR LE **SYSTÈME CLIMATIQUE MONDIAL** VIA UNE BOUCLE DE RÉTROACTION.

DÉSORGANISATION ET PERTES FONCTIONNELLES

LE DÉRÈGLEMENT CLIMATIQUE INDUIT DES **CHANGEMENTS** DE **DISTRIBUTION GÉOGRAPHIQUE** DES ESPÈCES AINSI QU'UNE **DÉSORGANISATION** DES ÉCOSYSTÈMES.

PAR EXEMPLE, LE **CYCLE DE VIE** DES **POLLINISATEURS** S'**AJUSTE** À CELUI DE LEURS **PLANTES HÔTES**. OR, LE CHANGEMENT CLIMATIQUE PEUT ENTRAÎNER LA **PERTE** DE CETTE **SYNCHRONISATION** ET DONC CELLE DE LA POLLINISATION, ESSENTIELLE À LA REPRODUCTION DE NOMBREUSES PLANTES SAUVAGES OU CULTIVÉES.

RECOLONISATION ET CASCADES ÉCOLOGIQUES

À L'INVERSE, LE CHANGEMENT CLIMATIQUE EST UNE OPPORTUNITÉ POUR CERTAINES ESPÈCES NUISIBLES QUI PROLIFÈRENT LORSQUE LEUR CYCLE DE VIE S'AJUSTE À CELUI DES PLANTES HÔTES D'AUTRES ESPÈCES.

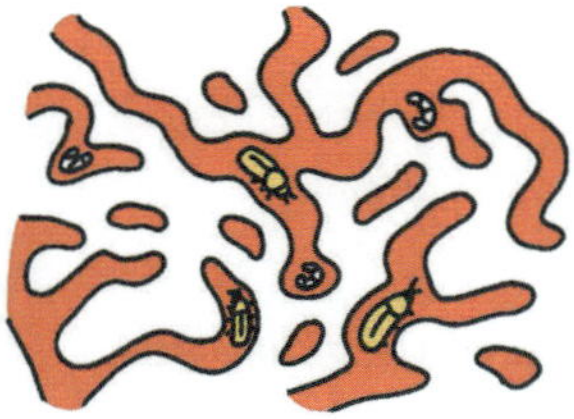

C'EST LE CAS DU DENDROCTONE DU PIN EN AMÉRIQUE DU NORD. CE PETIT INSECTE PERCE L'ÉCORCE DES PINS POUR PONDRE, SE NOURRIR ET CONSTRUIRE DES GALERIES DANS LA COUCHE VIVANTE DU BOIS.

AVEC LE RÉCHAUFFEMENT CLIMATIQUE, LES CONDITIONS SONT DEVENUES FAVORABLES À L'EXPANSION DE CETTE ESPÈCE VERS LE NORD, AFFECTANT DES MILLIONS D'HECTARES DE FORÊTS DE CONIFÈRES.

CES FORÊTS, DEVENUES TRÈS INFLAMMABLES À CAUSE DES INSECTES, COMBINÉES À DES ÉTÉS PLUS SECS ET CHAUDS, ONT CONTRIBUÉ À UNE AUGMENTATION DRAMATIQUE DES SURFACES BRÛLÉES DANS LA RÉGION.

CETTE MODIFICATION DES RÉGIMES D'INCENDIES A UN IMPACT CONSIDÉRABLE SUR LES ÉMISSIONS DE CO_2 QUI POURRAIENT EXERCER UN EFFET RÉTROACTIF SUR LE CLIMAT ET AUGMENTER LA TEMPÉRATURE ATMOSPHÉRIQUE.

LE MOT DE LA FIN

LES SERVICES ÉCOSYSTÉMIQUES SONT ÉTROITEMENT LIÉS AUX MODIFICATIONS DU CLIMAT MONDIAL ET, DANS CERTAINES RÉGIONS, LA PERSPECTIVE DU RÉCHAUFFEMENT CLIMATIQUE A ÉTÉ BIEN ACCUEILLIE POUR PLUSIEURS RAISONS :

Production de nouvelles cultures à haute valeur marchande.

Production d'essences forestières poussant plus vite.

Conditions climatiques plus favorables pour le tourisme.

MAIS LES CHANGEMENTS POSITIFS ET LES OPPORTUNITÉS ASSOCIÉES SONT LOIN D'ÊTRE LA NORME CAR CES CHANGEMENTS SOUDAINS DEMANDENT UNE CAPACITÉ D'ADAPTATION QUI COÛTE SOUVENT PLUS QU'ELLE NE RAPPORTE.

Question n° 12

QUEL EST L'IMPACT DES POLLUTIONS SUR LA BIODIVERSITÉ ?

LA POLLUTION… OU LES POLLUTIONS ?

LA POLLUTION PEUT ÊTRE DÉFINIE COMME UNE DÉGRADATION D'UN ÉCOSYSTÈME OU DE LA BIOSPHÈRE PAR DES SUBSTANCES OU DES NUISANCES DANGEREUSES ET NÉFASTES POUR LA SANTÉ ET L'ENVIRONNEMENT. IL EN EXISTE DEUX TYPES :

POLLUTIONS CHIMIQUES

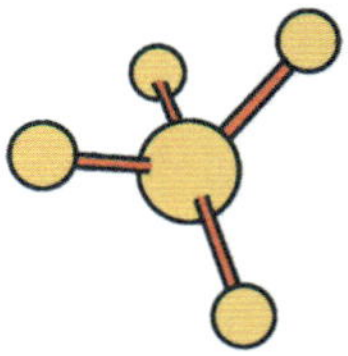

ÉLÉMENTS NATURELS DONT LES CYCLES SONT PERTURBÉS PAR LES ACTIVITÉS ANTHROPIQUES OU SYNTHÉTIQUES (PESTICIDES, PRODUITS PHARMACEUTIQUES, TENSIOACTIFS, LUBRIFIANTS ET ISOLANTS). ELLES REPRÉSENTENT L'UN DES NEUFS SEUILS MONDIAUX À NE PAS DÉPASSER POUR NE PAS COMPROMETTRE L'HABITABILITÉ DE LA PLANÈTE.

POLLUTIONS PHYSIQUES

ELLES CONCERNENT LES MATÉRIAUX (DÉCHETS MÉNAGERS ET INDUSTRIELS), LA RADIOACTIVITÉ ET LES NUISANCES SONORES OU LUMINEUSES.

LES POLLUTIONS PEUVENT ÊTRE :

LOCALISÉES

(à l'échelle d'un site industrialisé ou d'une décharge)

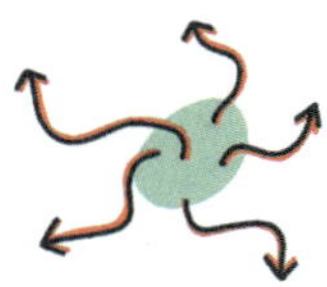

DIFFUSES

(pollutions azotées à l'échelle des bassins versants)

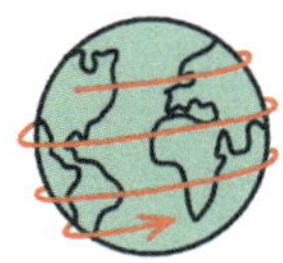

GLOBALES

(contaminations sur de vastes zones voire à l'échelle du globe)

EFFETS DES POLLUANTS SUR LES ORGANISMES

LES ORGANISMES PEUVENT ÊTRE EXPOSÉS AUX POLLUANTS PAR DIFFÉRENTES VOIES :

Cutanée — Respiratoire — Orale — Interactions avec l'air, l'eau, le sol

LES EFFETS ÉCOTOXICOLOGIQUES SONT RÉPARTIS EN DEUX CATÉGORIES :

EFFETS DIRECTS

ILS RÉSULTENT DE MÉCANISMES TOXIQUES OU PHYSIQUES AU NIVEAU DES CELLULES ET DES ORGANES, QUI PEUVENT ÊTRE MORTELS ET RÉDUIRE LA DIVERSITÉ GÉNÉTIQUE, L'ABONDANCE DES POPULATIONS ET LES CAPACITÉS DE REPRODUCTION.

EFFETS INDIRECTS

ILS SE PRODUISENT LORSQUE LES POLLUANTS SE PROPAGENT DANS LES CHAÎNES ALIMENTAIRES ET SONT BIOAMPLIFIÉS, C'EST-À-DIRE QU'ILS SONT ACCUMULÉS À CHAQUE NIVEAU DE LA CHAÎNE ALIMENTAIRE, LES PRÉDATEURS ÉTANT ALORS PLUS CONTAMINÉS QUE LEURS PROIES.

LES EFFETS "COCKTAILS"

LES POLLUTIONS PEUVENT ÊTRE CLASSÉES EN QUATRE GRANDES CATÉGORIES :

ÉMISSIONS ATMOSPHÉRIQUES (gaz à effet de serre, particules fines, mercure, azote)

POLLUTION SONORE TERRESTRE ET SOUS-MARINE

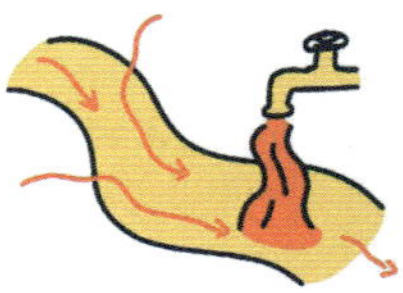

CONTAMINANTS DISSOUS DANS/TRANSPORTÉS PAR L'EAU (polluants issus des activités industrielles, minières et agricoles, perturbateurs endocriniens, pesticides, eaux usées non traitées, hormones de synthèse, molécules pharmaceutiques)

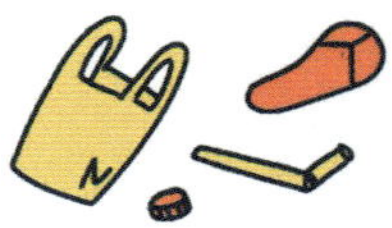

DÉVERSEMENT DE DÉCHETS SOLIDES ET COMPOSANTS TOXIQUES (marées noires, micro et macro plastiques, déchets radioactifs)

AVEC CES CONTAMINATIONS MULTIPLES ET GLOBALES, LES ORGANISMES SONT EXPOSÉS À DES MÉLANGES COMPLEXES (DITS EFFETS COCKTAILS) DE PLUSIEURS COMPOSÉS DONT LES EFFETS ADDITIONNÉS SONT PIRES QUE PRIS INDIVIDUELLEMENT.

LES EFFETS DE L'EXPOSITION À DES MÉLANGES RESTENT ENCORE PEU CONNUS DANS UNE SITUATION DE CHANGEMENT GLOBAL OÙ D'AUTRES PRESSIONS D'ORIGINE HUMAINE EXPOSENT LES ORGANISMES À DE MULTIPLES FACTEURS DE STRESS.

(perte d'habitat, hausse des températures, modification du pH, hausse du nombre d'espèces envahissantes et de pathogènes)

QUELLES DYNAMIQUES ?

DEPUIS LES ANNÉES 1960, LA COMMUNAUTÉ A PEU À PEU RÉALISÉ L'AMPLEUR CATASTROPHIQUE DE LA POLLUTION LORSQU'ELLE S'EST DIVERSIFIÉE ET ÉTENDUE :

- Métaux
- Hydrocarbures
- Pesticides de synthèse
- Produits industriels
- Médicaments
- Cosmétiques
- Plastiques
- Déchets radioactifs
- Particules fines

LA TRAJECTOIRE ACTUELLE EST DONC EN ACCÉLÉRATION, À TEL POINT QUE LES PRODUITS MANUFACTURÉS ET CHIMIQUES D'ORIGINE ANTHROPIQUE FONT PARTIE DES CARACTÉRISTIQUES STRATIGRAPHIQUES DE L'ANTHROPOCÈNE.

(aluminium, plastiques, béton, radionucléides et particules issues de la combustion des carburants fossiles).

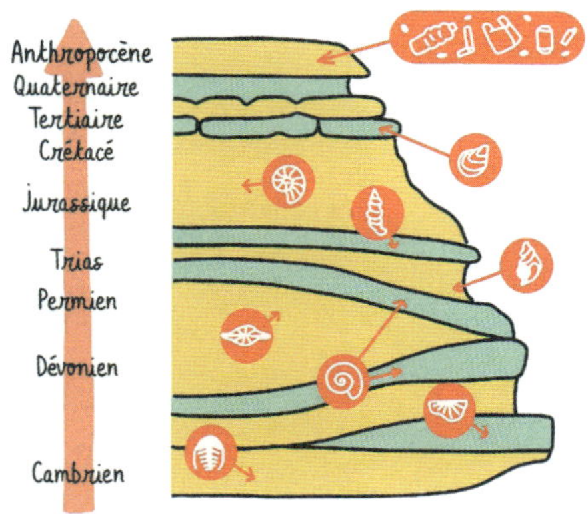

QUELQUES CHIFFRES :

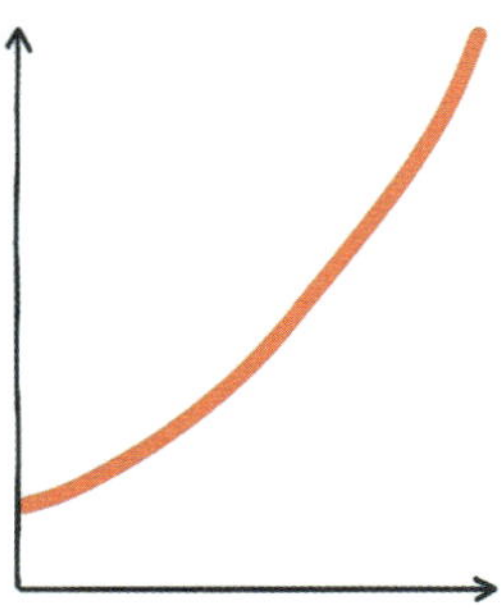

PRÈS DE 1500 NOUVELLES SUBSTANCES SYNTHÉTIQUES SONT MISES AU POINT ANNUELLEMENT RIEN QU'AUX ÉTATS-UNIS.

LA PRODUCTION ANNUELLE DE PLASTIQUES EST COMPARABLE À LA BIOMASSE HUMAINE ACTUELLE.

LA PRODUCTION MONDIALE DE PRODUITS CHIMIQUES, DE PLASTIQUES ET DE PESTICIDES A DOUBLÉ ENTRE 2000 ET 2017.

LE MOT DE LA FIN

BIEN QUE LA RÉGLEMENTATION ET LA LÉGISLATION AIENT ÉVOLUÉ POUR LIMITER L'UTILISATION DE CERTAINES SUBSTANCES DANGEREUSES, LA POLLUTION CONTINUE DE POSER UN DÉFI IMPORTANT AUX ÉCOSYSTÈMES ET À LA SANTÉ PUBLIQUE.

LE RAPPORT DE 2019 DE L'IPBES (*Plateforme Intergouvernementale Scientifique et Politique sur la Biodiversité et les Services Écosystémiques*) SOULIGNE QUE :

> « Les trajectoires actuelles ne permettent pas d'atteindre les objectifs de conservation et d'exploitation durable de la nature et de parvenir à la durabilité »

> « Des changements en profondeur sur les plans économique, social, politique et technologique seraient nécessaires »

Question n° 13

QUELS SONT LES RISQUES ET ALÉAS DE BIODIVERSITÉ ?

QUELQUES DÉFINITIONS

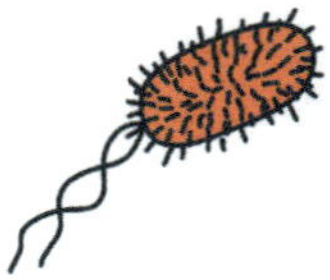

LE DANGER EST LA CAPACITÉ INTRINSÈQUE DE LA BIODIVERSITÉ À CAUSER DES DOMMAGES AUX HUMAINS.

Prenons l'exemple des pathogènes.

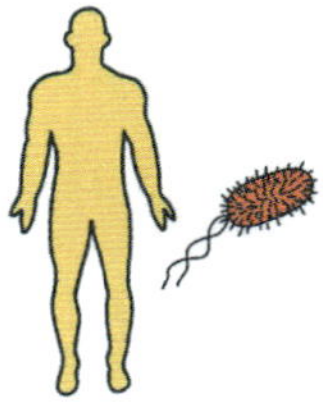

LE RISQUE EST LE RÉSULTAT DE L'EXPOSITION À UN DANGER.

En se mettant en présence de pathogènes résidant dans un écosystème.

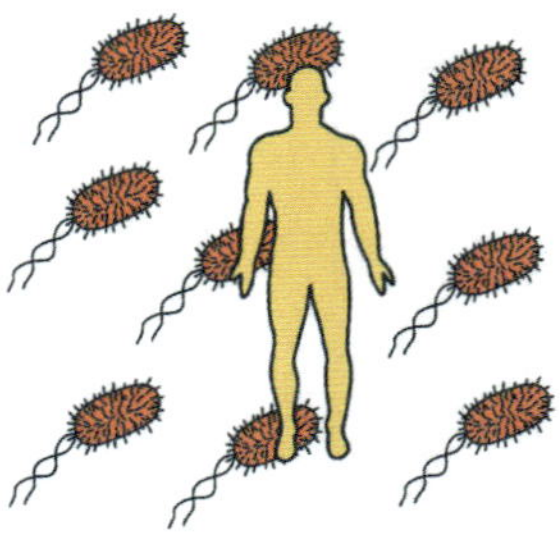

L'ALÉA SURVIENT DU FAIT D'UN DANGER PARCE QUE L'ON A PRIS UN RISQUE EN S'Y EXPOSANT. IL EST DÉFINI PAR SA NATURE, SON INTENSITÉ ET SA FRÉQUENCE, C'EST-À-DIRE SON TEMPS DE RETOUR MOYEN SUR UNE PÉRIODE DONNÉE. PLUS SA PROBABILITÉ OU SA FRÉQUENCE SONT FORTES, PLUS LE RISQUE EST ÉLEVÉ.

La vulnérabilité de nombreux humains à un pathogène entraîne l'apparition d'une épidémie (aléa).

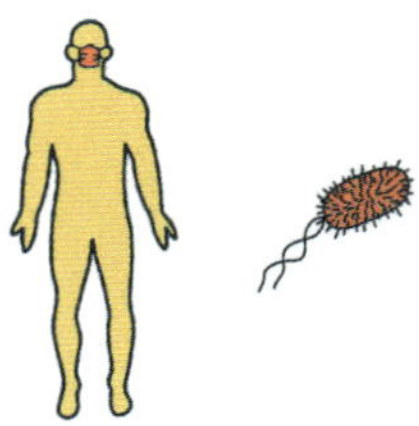

LE PRINCIPE DE PRÉCAUTION CONSISTE À SE COMPORTER D'UNE MANIÈRE À ÉVITER DES RISQUES.

Ainsi, ne pas rester à proximité d'animaux potentiellement réservoirs de pathogènes est une précaution raisonnable.

ON A PRIS L'HABITUDE DE CLASSER LES RISQUES EN FONCTION DE LA NATURE DES ALÉAS MAIS CETTE CLASSIFICATION OCCULTE LES CHAÎNES D'ALÉAS ET DE RISQUES CONSÉCUTIVES (UN PEU COMME UN EFFET DOMINO).

PAR EXEMPLE, LE RADOUCISSEMENT HIVERNAL PROVOQUE UN BOURGEONNEMENT PRÉCOCE, VULNÉRABLE AUX GELÉES PRINTANIÈRES, AVEC DES RISQUES DE DÉGÂTS ACCRUS POUR LA VÉGÉTATION. EN RÉSULTENT DES RISQUES ÉCONOMIQUES ET FINANCIERS EN CHAÎNE, POUR L'ENSEMBLE DES FILIÈRES (SYLVICULTEURS, VITICULTEURS, ARBORICULTEURS, ETC.)

EXEMPLES DE RISQUE ET D'ALÉA DE BIODIVERSITÉ

LA LISTE EST QUASI-INFINIE À L'IMAGE DE LA BIODIVERSITÉ ELLE-MÊME.

LES MALADIES ÉMERGENTES " ZOONOTIQUES "

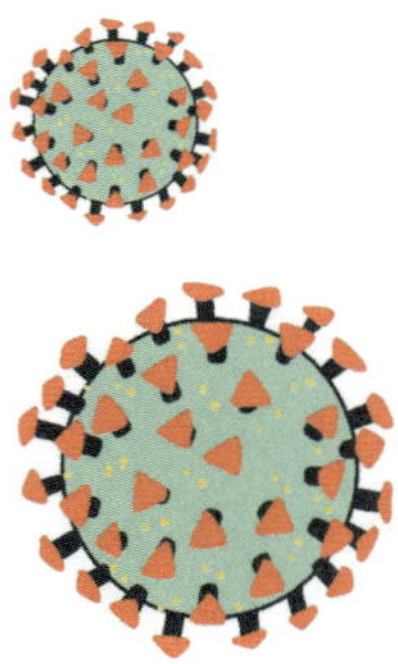

ELLES REPRÉSENTENT LE TRANSFERT D'UN PATHOGÈNE DEPUIS SON HÔTE NATUREL VERS L'HUMAIN.

PAR EXEMPLE, LES CHAUVES-SOURIS SONT INDISPENSABLES À LA RÉGULATION DES POPULATIONS D'INSECTES MAIS ELLES CONSTITUENT PARFOIS ÉGALEMENT DES RÉSERVOIRS DE PATHOGÈNES POTENTIELLEMENT TRANSMISSIBLES À L'HUMAIN DANS CERTAINES RÉGIONS. IL FAUT DONC LES LAISSER AGIR SANS ENCOURAGER LA PROMISCUITÉ AVEC ELLES !

L'EAU CAPTÉE PAR LA VÉGÉTATION ET SON CYCLE EN LIEN AVEC LES SOLS

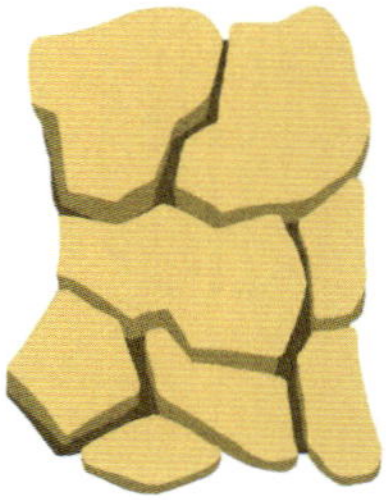

LE DÉRÈGLEMENT CLIMATIQUE ET / OU DE MAUVAISES GESTIONS AGRICOLES PROVOQUENT LOCALEMENT DES ALÉAS, TELS QUE DES ÉPISODES DE SÉCHERESSE QUI LIMITENT LA DISPONIBILITÉ EN EAU DES SOLS.

LA DÉGRADATION DE LA VÉGÉTATION ET DES SOLS QUI S'ENSUIT ACCENTUE À NOUVEAU LES RISQUES DE SÉCHERESSE.

EFFET DES POLLUTIONS PAR PESTICIDES SUR LES POLLINISATEURS

LES PESTICIDES UTILISÉS EN TRAITEMENTS PRÉVENTIFS SUR LES PARCELLES SE DISSOLVENT ET SE RÉPANDENT DANS LES MILIEUX ADJACENTS.

CES POLLUTIONS AUGMENTENT CONSIDÉRABLEMENT LES RISQUES DE PLAFONNEMENT DE LA PRODUCTION ALIMENTAIRE, CAR ELLES TUENT DES ESPÈCES QUI NOUS SONT DIRECTEMENT UTILES VOIRE INDISPENSABLES, COMME LES POLLINISATEURS.

POURQUOI NE PERÇOIT-ON PAS CES RISQUES ?

NOUS SOUS-ESTIMONS LES RISQUES LIÉS AU DÉCLIN DE LA BIODIVERSITÉ POUR PLUSIEURS RAISONS :

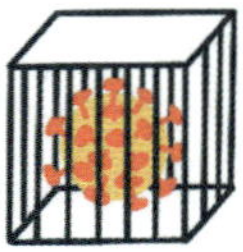

NOS REPRÉSENTATIONS CULTURELLES NE METTENT PAS L'ACCENT SUR LA PUISSANCE DE LA BIODIVERSITÉ COMME ELLES LE FONT AVEC LE CLIMAT. UNE TEMPÊTE NOUS SEMBLE INCONTRÔLABLE TANDIS QUE NOUS PENSONS POUVOIR CONTRÔLER UN AGENT INFECTIEUX.

NOTRE EGO EST SURDIMENSIONNÉ SUITE AUX SUCCÈS TECHNOLOGIQUES QUE NOUS AVONS ENGRANGÉS. CERTES REMARQUABLES, CES SUCCÈS PROVOQUENT AUSSI L'APPARITION DE CROYANCES NAÏVES COMME CELLE DU REMÈDE-MIRACLE NOUS FAISANT NOUS SENTIR TOUT-PUISSANTS.

LA BIODIVERSITÉ RESTE UN CONCEPT DONT UNE GRANDE PARTIE DE LA SOCIÉTÉ NE S'EST PAS EMPARÉE. AINSI, DES PANS ENTIERS SONT CONSIDÉRÉS COMME RELEVANT UNIQUEMENT DE L'EXPERTISE AGRICOLE, D'INGÉNIERIE INDUSTRIELLE, VOIRE MÉDICALE.

PAR CONFLIT D'INTÉRÊT OU AVEUGLEMENT, UNE PARTIE DES SECTEURS PROFESSIONNELS NE SONT ÉVIDEMMENT PAS ENCLINS À COMPRENDRE OU RECONNAÎTRE QUE LEURS ACTIVITÉS GÉNÈRENT DES RISQUES (AGRICULTURE ET ÉLEVAGE INDUSTRIELS, CONCEPTION ET UTILISATION DE PESTICIDES, ETC.)

ENFIN, PLUSIEURS DIMENSIONS DE LA BIODIVERSITÉ IMPLIQUÉES DANS DES RISQUES MAJEURS NE SONT PAS ENSEIGNÉES, COMPRISES, OU PRISES EN COMPTE PAR LA SOCIÉTÉ CAR ELLES SONT INVISIBLES :

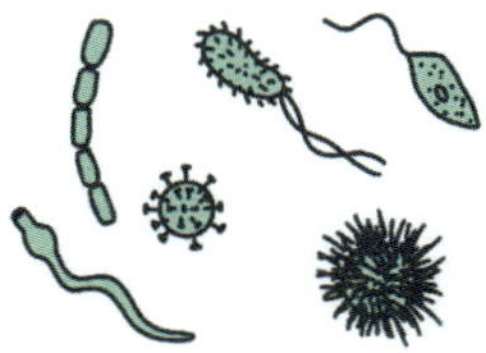

L'OMNIPRÉSENCE DES MICROBES

L'ÉVOLUTION BIOLOGIQUE

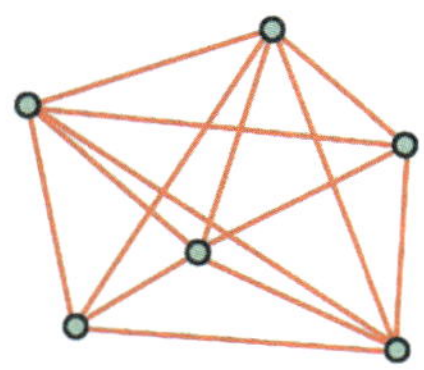

LES INTERACTIONS ENTRE ORGANISMES

LE MOT DE LA FIN

NOUS DEVONS IDENTIFIER LA PART DE RESPONSABILITÉ DE LA BIODIVERSITÉ DANS LES RISQUES ENVIRONNEMENTAUX QUE NOUS PRENONS SANS POUR AUTANT FANTASMER SUR LE DANGER QU'ELLE REPRÉSENTE.

SI NOUS NE LE FAISONS PAS, NOUS NE POURRONS PAS LES GÉRER ET NOUS EN SERONS VICTIMES, MALGRÉ NOTRE NAÏVE PRÉTENTION DE TOUTE PUISSANCE TECHNOLOGIQUE.

Question n° 14

POURQUOI Y A-T-IL PLUS DE MALADIES ÉMERGENTES ?

LES MALADIES INFECTIEUSES ET PARASITAIRES

LA BIODIVERSITÉ C'EST AUSSI LA DIVERSITÉ DES MICROBES POTENTIELLEMENT PATHOGÈNES.

AINSI, ON ESTIME À 1,7 MILLION LE NOMBRE DE VIRUS ENCORE INCONNUS CIRCULANT CHEZ LES MAMMIFÈRES ET LES OISEAUX, DONT PRÈS DE 800 000 POURRAIENT POTENTIELLEMENT INFECTER LES HUMAINS.

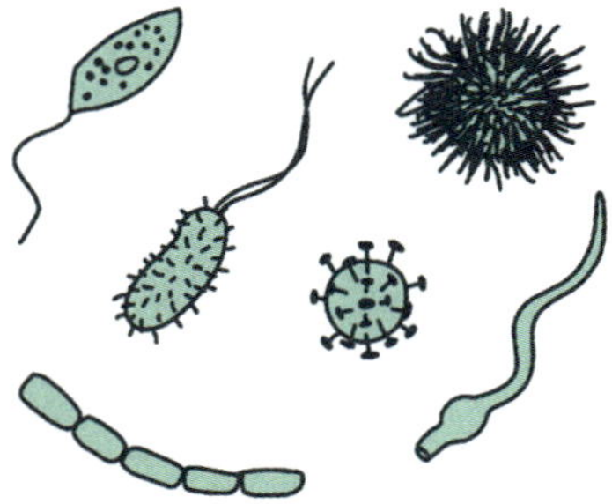

C'EST CE QUE L'ON APPELLE UNE ZOONOSE : UNE MALADIE INFECTIEUSE DUE À UN MICROBE (VIRUS, BACTÉRIE, CHAMPIGNON, PROTISTE) OU UN PARASITE PATHOGÈNE VENU D'AUTRES ANIMAUX, QU'IL SOIENT SAUVAGES OU DOMESTIQUES.

LE PATHOGÈNE NE CONFÈRE QUE RAREMENT DES SYMPTÔMES À SON HÔTE NORMAL, QUE L'ON NOMME « RÉSERVOIR », CAR LES DEUX ESPÈCES ONT CO-ÉVOLUÉ SUR DE GRANDES PÉRIODES DE TEMPS :

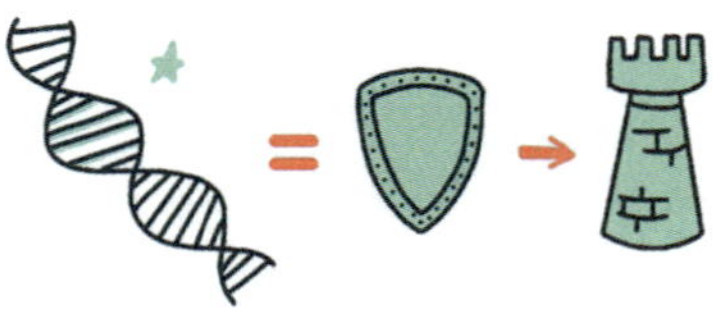

DE SON CÔTÉ, L'ESPÈCE RÉSERVOIR A DÉVELOPPÉ, PAR HASARD ET AU COURS DU TEMPS, DES MUTATIONS LIMITANT L'INFECTION PAR LE PATHOGÈNE, CE QUI MAXIMISE SA SURVIE.

L'ESPÈCE PATHOGÈNE VA ÉGALEMENT DÉVELOPPER DES MUTATIONS AU HASARD LUI PERMETTANT DE MIEUX INFECTER LE RÉSERVOIR ET MAXIMISER SES CHANCES DE SURVIE.

CELA PEUT ÊTRE COMPARÉ À LA COURSE AUX ARMEMENTS LORS DE LA GUERRE FROIDE...

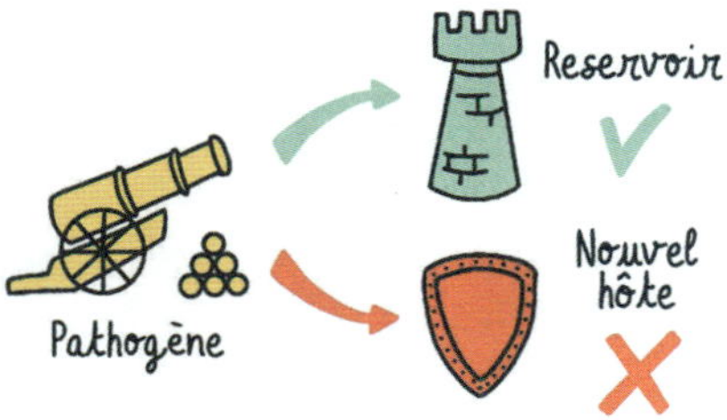

LE PASSAGE DU PATHOGÈNE DU RÉSERVOIR VERS D'AUTRES ANIMAUX DONT LES HUMAINS PROVOQUE DONC SOUVENT DES SYMPTÔMES CHEZ CE NOUVEL HÔTE... CAR IL N'A PAS ÉVOLUÉ DE MANIÈRE À LIMITER LES INFECTIONS DU PATHOGÈNE !

LES ZOONOSES REPRÉSENTENT PLUS DE 70% DES MALADIES INFECTIEUSES ET PARASITAIRES HUMAINES. ELLES SE SONT PRODUITES DE TOUS TEMPS MAIS DAVANTAGE DEPUIS 12 000 ANS AVEC L'ESSOR DE LA DOMESTICATION ANIMALE.

LE NOMBRE D'AGENTS INFECTIEUX PARTAGÉS ENTRE LES ANIMAUX DOMESTIQUÉS ET LES HUMAINS EST PROPORTIONNEL AU TEMPS DE VIE EN COMMUN....

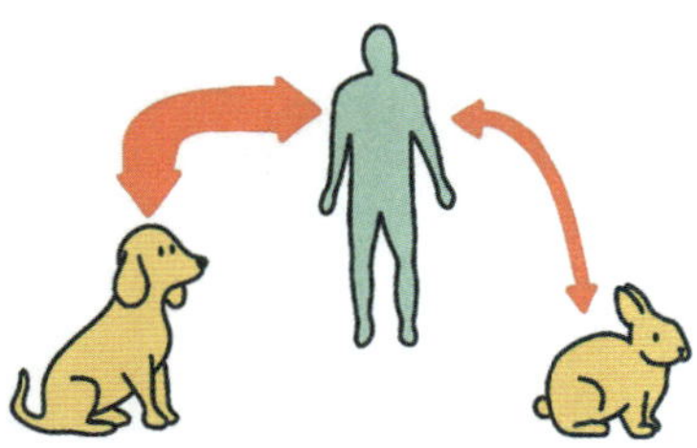

PAR EXEMPLE, LE CHIEN, DOMESTIQUÉ IL Y A PLUS DE 17 000 ANS, PARTAGE PLUS DE MALADIES ZOONOTIQUES AVEC NOUS QUE LE LAPIN DONT LA DOMESTICATION REMONTE À SEULEMENT 2 000 ANS.

LES ÉPIDÉMIES À LARGE ÉCHELLE ONT DÉBUTÉ AVEC L'ÉMERGENCE DES PREMIÈRES ROUTES COMMERCIALES ET DES DÉPLACEMENTS D'ANIMAUX DOMESTIQUES HORS DE LEURS CENTRES DE DOMESTICATION.

POURQUOI PLUS D'ÉPIDÉMIES ET D'ÉMERGENCES DE MALADIES INFECTIEUSES ?

AU COURS DES DERNIÈRES DÉCENNIES, NOUS AVONS ASSISTÉ À UNE AUGMENTATION DU NOMBRE D'ÉPIDÉMIES DE MALADIES INFECTIEUSES ZOONOTIQUES OU VECTORIELLES AFFECTANT LES HUMAINS ET LES ANIMAUX DOMESTIQUES OU SAUVAGES.

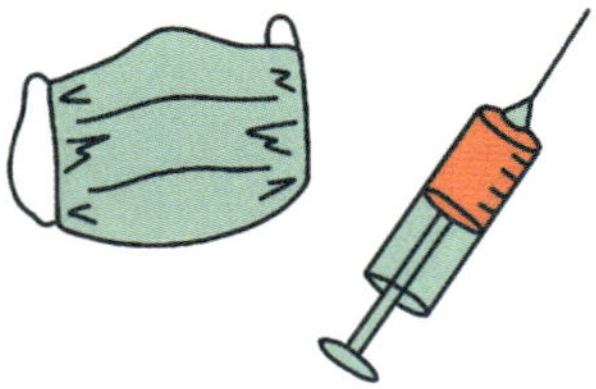

LES FACTEURS PRINCIPAUX SONT L'AGRICULTURE, L'ÉLEVAGE ET LEURS IMPACTS EN TERMES DE CHANGEMENTS D'USAGES DES TERRES. SELON LES DONNÉES DE L'ORGANISATION DES NATIONS UNIES POUR L'AGRICULTURE ET L'ALIMENTATION :

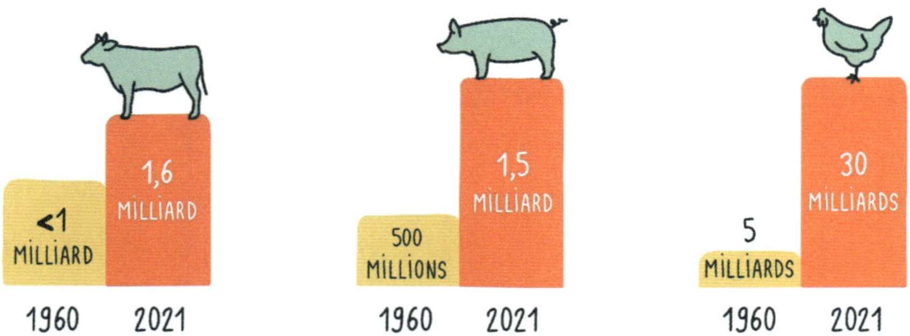

DEPUIS 1940, L'ACCROISSEMENT DE L'AGRICULTURE ET DE L'ÉLEVAGE EST ASSOCIÉ À PLUS DE 25 % DE TOUTES LES MALADIES INFECTIEUSES ET PLUS DE 50 % DES ZOONOSES QUI SONT APPARUES CHEZ L'HUMAIN.

L'ANALYSE DES DONNÉES DES ÉPIDÉMIES DE ZOONOSES ET DE MALADIES VECTORIELLES SUR LES DERNIÈRES DÉCENNIES CONFIRME QUE LEUR AUGMENTATION EST ASSOCIÉE À LA DÉFORESTATION.

QUELS SONT LES LIENS ENTRE BIODIVERSITÉ ET TRANSMISSION DE MALADIES ZOONOTIQUES ?

CONSTAT N°1 :

TOUTE HAUSSE DE LA DIVERSITÉ DES HÔTES AUGMENTE LA DIVERSITÉ GLOBALE DES PARASITES.

C'est le cas notamment dans les forêts primaires tropicales

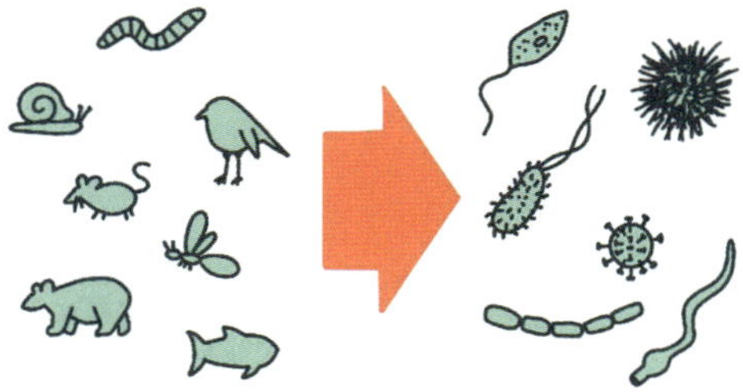

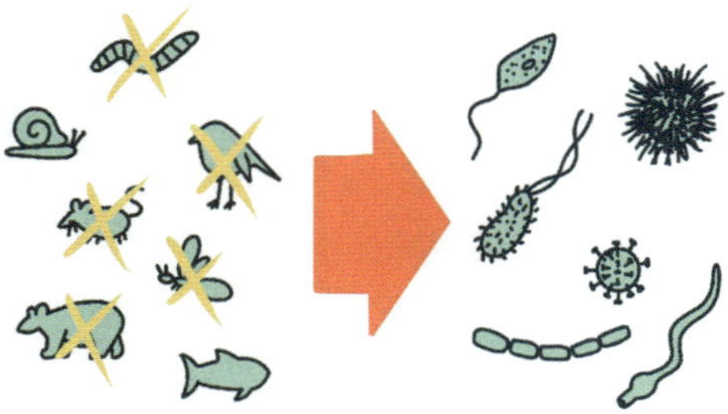

CONSTAT N°2 :

LES PERTES DE BIODIVERSITÉ FAVORISENT LA TRANSMISSION ET AUGMENTENT LES RISQUES INFECTIEUX.

UNE PERTE DE BIODIVERSITÉ EST D'ABORD UNE PERTE DE PRÉDATEURS QUI NE VONT PLUS RÉGULER LEURS PROIES, QU'ELLES SOIENT DES RÉSERVOIRS OU DES VECTEURS.

LE MOT DE LA FIN

L'ÉMERGENCE DU SARS-COV2 ET DE LA PANDÉMIE DE COVID-19 ONT RAPPELÉ L'IMPORTANCE DES CHANGEMENTS ENVIRONNEMENTAUX GLOBAUX D'ORIGINE HUMAINE, DANS L'ÉMERGENCE ET LA TRANSMISSION DES MALADIES ZOONOTIQUES.

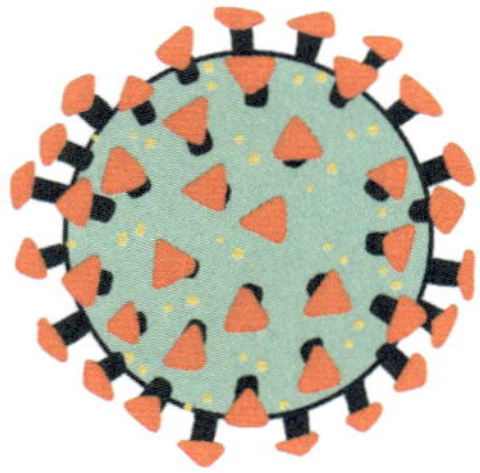

RÉDUIRE LE RISQUE D'ÉMERGENCE OU DE PROPAGATION DE CES MALADIES NÉCESSITE DE DÉVELOPPER DES APPROCHES DE REFORESTATION OU DE RESTAURATION ÉCOLOGIQUE PRENANT EN COMPTE LA SANTÉ DES HUMAINS ET DES NON-HUMAINS.

L'ÉCOLOGIE DE LA SANTÉ PEUT CONTRIBUER À LA COMPRÉHENSION ET À LA RÉDUCTION DE L'ÉMERGENCE DES MALADIES EN LIANT LES PROCESSUS ÉPIDÉMIOLOGIQUES AUX DYNAMIQUES ÉCOLOGIQUES ET SOCIALES.

Question n° 15

QUELS ENJEUX POUR LES FORÊTS ET L'OCÉAN ?

DOMINANT LE GLOBE, LES FORÊTS ET LES OCÉANS REPRÉSENTENT :

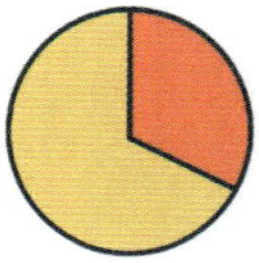

UN TIERS DES SURFACES ÉMERGÉES DE LA TERRE

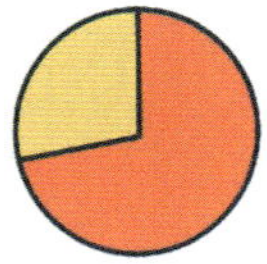

71 % DE LA SURFACE TOTALE DU GLOBE

DES ÉCOSYSTÈMES UNIQUES

LES FORÊTS SONT DES LIEUX OÙ L'INTRICATION DU VIVANT N'A PAS D'ÉQUIVALENT, ELLES HÉBERGENT NOTAMMENT :

95% DES ESPÈCES D'ARBRES

80% DES ESPÈCES D'AMPHIBIENS

75% DES ESPÈCES D'OISEAUX

2/3 DE LA DIVERSITÉ ANIMALE

LES OCÉANS FOURNISSENT ENVIRON 90% DE L'ESPACE VITAL DE LA PLANÈTE CAR LEUR VOLUME HABITABLE EST 900 FOIS PLUS GRAND QUE SUR TERRE.

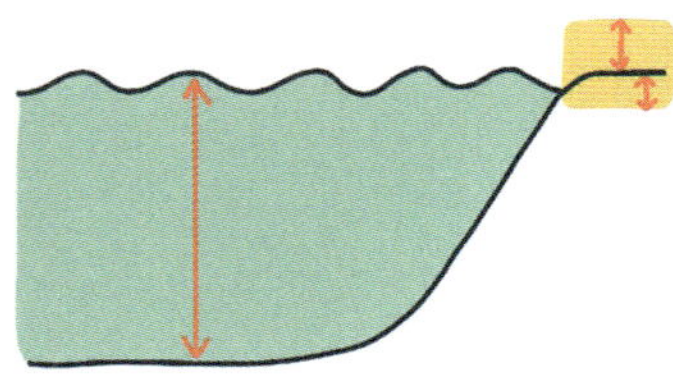

LA VIE EST APPARUE DANS L'OCÉAN IL Y A 3,7 MILLIARDS D'ANNÉES ET A ENTRAÎNÉ UNE DIVERSITÉ ÉVOLUTIVE PHÉNOMÉNALE :

ON A DÉNOMBRÉ 243 000 ESPÈCES MARINES ET IL EN RESTERAIT 30 À 90% NON DÉCRITES.

LES SERVICES ÉCOSYSTÉMIQUES INCONTOURNABLES

LES CONTRIBUTIONS QUE LES FORÊTS ET LES OCÉANS APPORTENT À LA SURVIE ET AU BIEN-ÊTRE DES ÊTRES HUMAINS SONT NOMBREUSES :

STOCKAGE DU CARBONE : LES FORÊTS STOCKENT PRESQUE 900 GT DE CARBONE ET LES OCÉANS PLUS D'UN QUART DE L'EXCÈS DE CO_2 ASSOCIÉ AUX ÉMISSIONS ANTHROPIQUES DE GAZ À EFFET DE SERRE AU COURS DE CES 50 DERNIÈRES ANNÉES.

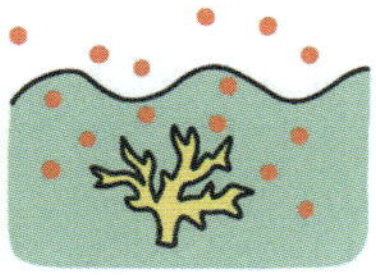

PRODUCTION D'OXYGÈNE : 10% DE L'OXYGÈNE MONDIAL EST ÉMIS PAR LES FORÊTS TROPICALES ET ENTRE 50% ET 80% PAR LES OCÉANS.

LUTTE CONTRE LES CHANGEMENTS CLIMATIQUES : LES OCÉANS ABSORBENT JUSQU'À 93 % DE L'EXCÈS DE CHALEUR DÛ AU RÉCHAUFFEMENT CLIMATIQUE.

RÉGULATION DU CLIMAT : EN STOCKANT LE RAYONNEMENT SOLAIRE, EN DISTRIBUANT LA CHALEUR ET L'HUMIDITÉ DANS LE MONDE ENTIER ET EN STRUCTURANT LES SYSTÈMES MÉTÉOROLOGIQUES.

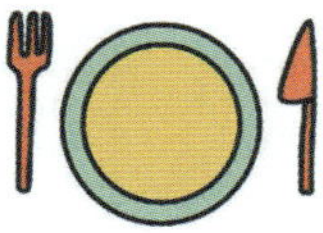

CONTRIBUTION À LA SÉCURITÉ ALIMENTAIRE HUMAINE : 350 MILLIONS DE PERSONNES DÉPENDENT DIRECTEMENT DES FORÊTS ET PLUS DE 1,5 MILLIARD EN DÉPENDENT INDIRECTEMENT.

RÉGULATION DU CYCLE DE L'EAU

LE DÉCLIN

LA DÉFORESTATION REPRÉSENTE LA PRINCIPALE MENACE QUI PÈSE SUR LES FORÊTS.

LES GRANDS DÉFRICHEMENTS EN EUROPE DE L'OUEST ENTRE LE 10e ET LE 12e SIÈCLE SONT RESTÉS LOCALISÉS ET LIMITÉS PAR LES TECHNOLOGIES (LA SCIE N'EST APPARUE QU'AU 18e SIÈCLE).

LA DÉFORESTATION À GRANDE ÉCHELLE A COMMENCÉ DANS LES ANNÉES 1960 À CAUSE DE L'AGRO-INDUSTRIE ET AVEC L'ARRIVÉE DE TECHNOLOGIES EFFICACES (BULLDOZER, TRONÇONNEUSES).

OUTRE LES RISQUES LIÉS À LA SUREXPLOITATION, IL EN EXISTE D'AUTRES LIÉS AUX CHANGEMENTS CLIMATIQUES NOTAMMENT LES RISQUES ACCRUS DE RAVAGEURS ET DE SÉCHERESSES RÉPÉTÉES.

QUANT AUX OCÉANS, AU COURS DES 15 DERNIÈRES ANNÉES, SIX GRANDS DOMAINES DE PRÉOCCUPATION MONDIALE ONT ÉTÉ DOCUMENTÉS :

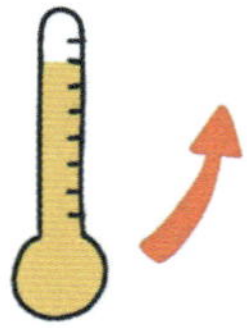

Réchauffement

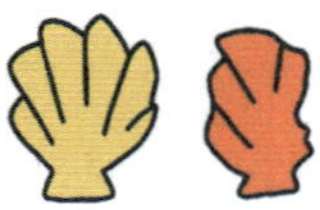

Acidification

Élévation du niveau de la mer

Perturbations des principaux courants océaniques

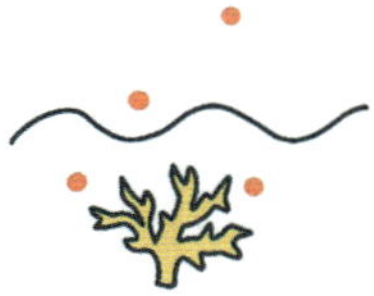

Baisse de la production d'oxygène

Changements de répartition des espèces

À CES MANIFESTATIONS DU CHANGEMENT CLIMATIQUE S'AJOUTENT LES PRESSIONS D'ORIGINE HUMAINE :

- SUREXPLOITATION
- DÉVELOPPEMENT CÔTIER NON DURABLE
- POLLUTIONS CHIMIQUES PAR REJETS
- POLLUTION AUX MICROPLASTIQUES
- TRAFIC MARITIME INTENSE

LE FUTUR ET LES SOLUTIONS

IL FAUT LEVER LES PRESSIONS QUE NOUS FAISONS PESER SUR LES OCÉANS ET LES FORÊTS ET METTRE EN PLACE DES SOLUTIONS FONDÉES SUR LA NATURE : AIRES PROTÉGÉES, RESTAURATIONS D'AIRES PERTURBÉES, UTILISATIONS DURABLES DES RESSOURCES, ETC.

NOTRE PRISE DE CONSCIENCE ET NOS ACTIONS DOIVENT ÊTRE DOUBLE :

NE PAS CONFONDRE NOS SYLVICULTURES ET ÉLEVAGES MARINS AVEC DE VASTES ET INCOMPARABLES ÉCOSYSTÈMES NATURELS. NOUS NE COMPENSERONS PAS LA DÉFORESTATION OU LA PERTE DES ÉCOSYSTÈMES MARINS PAR L'INSTALLATION DE SYSTÈMES ARTIFICIELS RESTREINTS.

ACCEPTER DE PROTÉGER LES ÉCOSYSTÈMES NATURELS ET ARRÊTER DE LES CONSIDÉRER COMME DES PUITS SANS FOND OÙ NOUS POUVONS PRÉLEVER SANS VERGOGNE. LEUR TAILLE ET LEUR RÉSILIENCE NE SONT PLUS SUFFISANTES POUR RÉSISTER À NOS PILLAGES.

TOUT CELA PERMETTRA DE RÉSOUDRE UN CONFLIT D'USAGE, EN GARDANT DE VASTES SURFACES PROTÉGÉES OU RESTAURÉES, MAIS AUSSI EN GÉRANT DES ZONES DE PRODUCTION DE MANIÈRE DURABLE.

LE MOT DE LA FIN

FORÊTS COMME OCÉANS SONT GIGANTESQUES, ILS NOUS DONNENT UNE VISION MAJESTUEUSE DE LA NATURE, DONT LA PERMANENCE ET LA PUISSANCE NOUS PARAISSENT IMMUABLES ET INTANGIBLES.

OR, NOUS COMMENÇONS À PEINE À COMPRENDRE QUE CES ESPACES NATURELS ET ÉCOSYSTÈMES SONT CERTES TRÈS VASTES ET REMARQUABLEMENT RÉSILIENTS MAIS QU'ILS DÉCLINENT FORTEMENT SOUS LES COUPS QUE NOUS LEUR PORTONS.

Question n° 16

PEUT-ON CONTRÔLER OU MODIFIER LA BIODIVERSITÉ ?

LES POPULATIONS D'ORGANISMES ET LEUR DYNAMIQUE PROPRE

LES POPULATIONS D'ORGANISMES SAUVAGES ONT DES EFFECTIFS QUI VARIENT AU COURS DU TEMPS (CROISSANCE, DÉCROISSANCE, OU ABSENCE DE TENDANCE) EN RÉPONSE AUX VARIATIONS DES CONDITIONS ENVIRONNEMENTALES, SOUVENT SIMULTANÉES, TELLES QUE :

- Les facteurs météorologiques
- La prédation
- La compétition
- Les maladies
- Les activités humaines

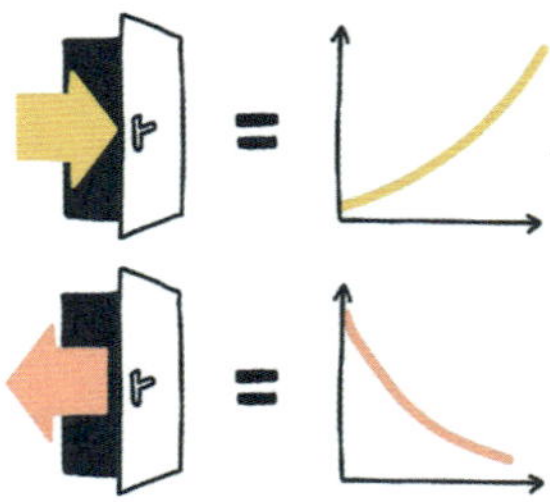

LA TRAJECTOIRE DES EFFECTIFS D'UNE POPULATION AU COURS DU TEMPS (APPELÉE CINÉTIQUE DE POPULATION) EST ENTIÈREMENT DÉFINIE PAR LE BILAN DES FLUX D'ENTRÉE (IMMIGRATION ET REPRODUCTION) ET DE SORTIE (ÉMIGRATION ET MORTALITÉ).

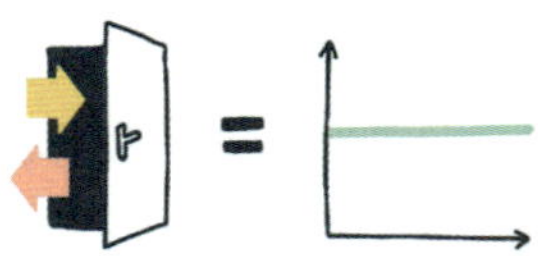

QUAND LES FLUX D'ENTRÉE SONT EXACTEMENT COMPENSÉS PAR LES FLUX DE SORTIE, L'EFFECTIF RESTE STABLE ET LA POPULATION EST DITE STATIONNAIRE.

BIEN SOUVENT, LES FLUX D'ENTRÉE ET DE SORTIE NE SE COMPENSENT JAMAIS PARFAITEMENT, CONDUISANT LES POPULATIONS À PRÉSENTER DES TAUX DE CROISSANCE (OU DE DÉCROISSANCE) VARIABLES AU COURS DU TEMPS.

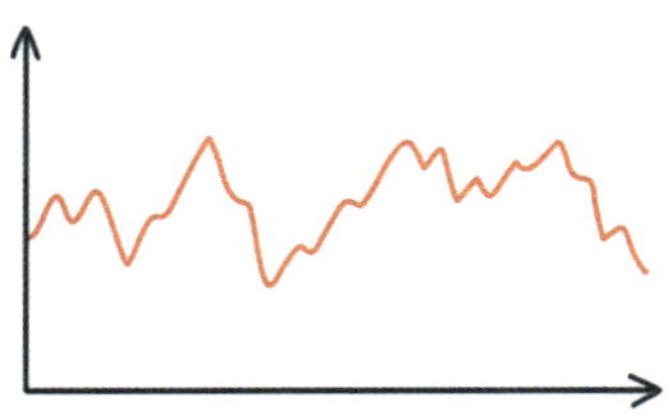

CONTRÔLE DES POPULATIONS

ALORS QUE LA PLUPART DES ESPÈCES SUBISSENT NÉGATIVEMENT LES ACTIVITÉS HUMAINES, CERTAINES EN TIRENT DES BÉNÉFICES EXCESSIFS.

APPELÉES ESPÈCES INVASIVES, ELLES PROLIFÈRENT ET ONT UN IMPACT NÉGATIF SUR LA BIODIVERSITÉ DANS LES HABITATS QU'ELLES OCCUPENT ET/OU PEUVENT ENTRER EN CONFLIT AVEC LES ACTIVITÉS HUMAINES. ELLES PEUVENT ÊTRE :

AUTOCHTONES

ELLES BÉNÉFICIENT D'UNE AMÉLIORATION DE LEURS CONDITIONS DE VIE *(comme la qualité et/ou la quantité de leurs ressources ou la diminution de leur prédation)* MAIS PEUVENT AUSSI FAIRE L'OBJET DE MANIPULATIONS MALADROITES DE LEURS POPULATIONS PAR L'HUMAIN *(exemples de l'agrainage ou de l'hybridation des sangliers).*

INTRODUITES PAR L'HUMAIN *(environ 40 000 au niveau mondial)*

QUELQUEFOIS VOLONTAIREMENT, DANS LE CADRE DE PROGRAMMES SCIENTIFIQUES VISANT À RÉTABLIR LES ÉQUILIBRES NATURELS EN INTRODUISANT DES RECYCLEURS OU DES PRÉDATEURS, LE PLUS SOUVENT ACCIDENTELLEMENT, SUITE AU DÉVELOPPEMENT CONSIDÉRABLE DES TRANSPORTS INTERNATIONAUX.

POUR CES ORGANISMES, IL PEUT DEVENIR INDISPENSABLE DE CONTRÔLER LES POPULATIONS, SI POSSIBLE DE MANIÈRE NATURELLE EN MULTIPLIANT LES PRÉDATEURS OU EN DIVERSIFIANT LES PAYSAGES.

LORSQUE CELA N'EST PAS RÉALISABLE, LES PRÉLÈVEMENTS DIRECTS DANS LES POPULATIONS QUE L'ON TROUVE TROP ABONDANTES, COMME LA CHASSE OU LA PÊCHE, PEUVENT ÊTRE EXERCÉS. MAIS CES PRATIQUES S'APPUIENT GÉNÉRALEMENT SUR DEUX IDÉES FAUSSES :

« On peut supprimer intégralement une espèce problématique »

OUTRE L'ASPECT ÉTHIQUE CONTESTABLE DE CETTE SUPPRESSION TOTALE, IL EST SOUVENT QUASI-IMPOSSIBLE DE SUPPRIMER UNE ESPÈCE, DU FAIT DE SES CAPACITÉS DE REPRODUCTION OU DE DISPERSION.

« On peut ralentir le problème en diminuant les effectifs de cette espèce par des prélèvements »

ENCORE FAUT-IL QUE CES PRÉLÈVEMENTS SOIENT RÉALISÉS DE MANIÈRE TRÈS APPROPRIÉE (CE QUI N'EST PAS LE CAS AUJOURD'HUI), SOUS PEINE DE PROVOQUER DES EFFETS CONTRE-INTUITIFS INDÉSIRABLES (*stimulation de la reproduction ou de la dispersion*).

MODIFICATIONS D'ESPÈCES

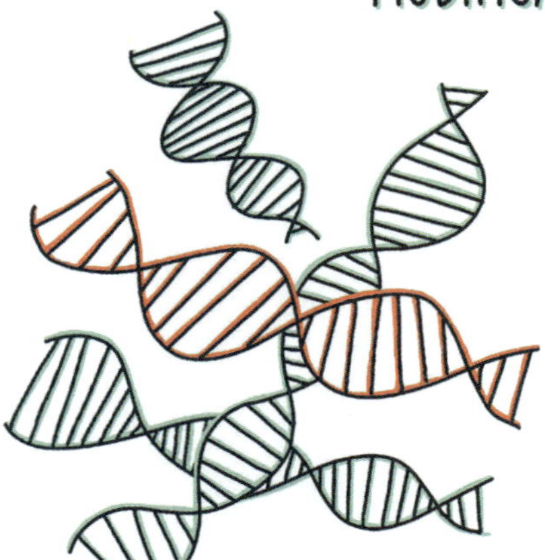

L'ACQUISITION DE CONNAISSANCES EXTRAORDINAIRES EN GÉNÉTIQUE MOLÉCULAIRE A PERMIS UNE AUTRE FAÇON DE CONTRÔLER LA BIODIVERSITÉ :

LA MODIFICATION GÉNÉTIQUE DES ESPÈCES, À NOTRE AVANTAGE, EN LEUR CONFÉRANT DE NOUVELLES CAPACITÉS TRÈS SPÉCIFIQUES.

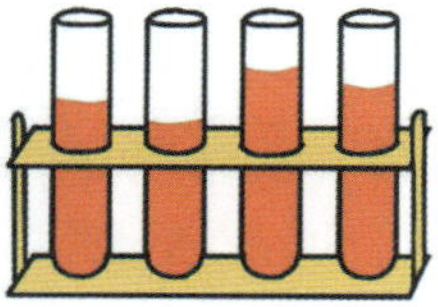

D'ABORD AVEC LES ORGANISMES GÉNÉTIQUEMENT MODIFIÉS (OGM) "CLASSIQUES", C'EST-À-DIRE UNIQUEMENT DES ESPÈCES POUVANT ÊTRE CULTIVÉES PENDANT PLUSIEURS GÉNÉRATIONS EN LABORATOIRE ET DANS LESQUELS ON A INSÉRÉ UN GÈNE ÉTRANGER.

PUIS AVEC LE FORÇAGE GÉNÉTIQUE (TECHNIQUE CRISPR-Cas9) ET SA FABRICATION D'OGM "SAUVAGES" FONCTIONNANT SUR N'IMPORTE QUELLE ESPÈCE À REPRODUCTION SEXUÉE, DU MOMENT QUE L'ON INJECTE UN MÉLANGE BIEN CHOISI D'ARN ET D'ADN DANS L'EMBRYON OU LES ORGANES REPRODUCTEURS DE QUELQUES INDIVIDUS SAUVAGES PRÉLEVÉS PUIS RELÂCHÉS DANS LA NATURE.

LE FORÇAGE GÉNÉTIQUE NOUS POUSSE À NOUS INTERROGER SUR SES IMPLICATIONS ÉTHIQUES CAR IL REMET EN CAUSE LE SENS MÊME DE " NATUREL " OU " SAUVAGE ".

LE PRINCIPAL PROBLÈME EST QUE CE POUVOIR PEUT AVANT TOUT SERVIR LES INTÉRÊTS ÉCONOMIQUES PARTICULIERS DE GROUPES PEU SOUCIEUX DE L'INTÉRÊT GÉNÉRAL, COMME ON L'A SOUVENT VU AUX 20e ET 21e SIÈCLES.

D'AUTANT PLUS QUE LA LÉGISLATION ENTOURANT L'USAGE DU FORÇAGE GÉNÉTIQUE N'EST PAS LA MÊME D'UN PAYS À L'AUTRE... EN EUROPE, LES ANIMAUX ET LES PLANTES MODIFIÉS PAR CRISPR SONT CONSIDÉRÉS COMME DES OGM ALORS QUE CE N'EST PAS LE CAS AUX ÉTATS-UNIS.

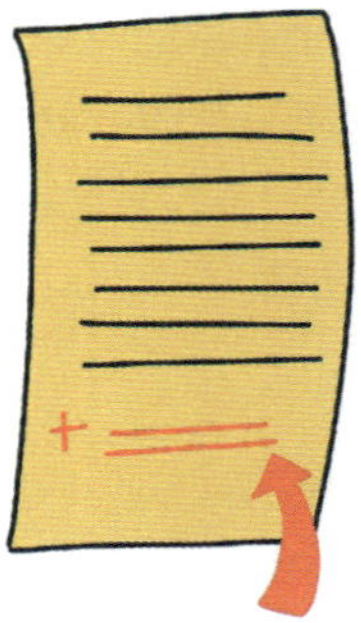

DEPUIS 2018, IL A ÉTÉ AJOUTÉ À LA CONVENTION SUR LA DIVERSITÉ BIOLOGIQUE L'OBLIGATION D'OBTENIR LE CONSENTEMENT PRÉALABLE DES PEUPLES AUTOCHTONES ET DES COMMUNAUTÉS CONCERNÉES PAR LA DISSÉMINATION AVANT DE METTRE EN PLACE UN LÂCHER DE FORÇAGE GÉNÉTIQUE.

ELLE A ÉTÉ RATIFIÉE PAR PLUS DE 190 PAYS, MAIS PAS PAR LES ÉTATS-UNIS...

LE MOT DE LA FIN

LA TENTATION EST FORTE DE CONSIDÉRER LA BIODIVERSITÉ COMME UNE RESSOURCE ILLIMITÉE QUE NOUS POUVONS EXPLOITER SANS FIN, VOIRE SUR LAQUELLE NOUS POUVONS INTERVENIR AU GRÉ DE NOS INTÉRÊTS ET BESOINS EN SUPPRIMANT TOTALEMENT DES ESPÈCES QUE NOUS ESTIMONS NUISIBLES OU EN EN MODIFIANT D'AUTRES.

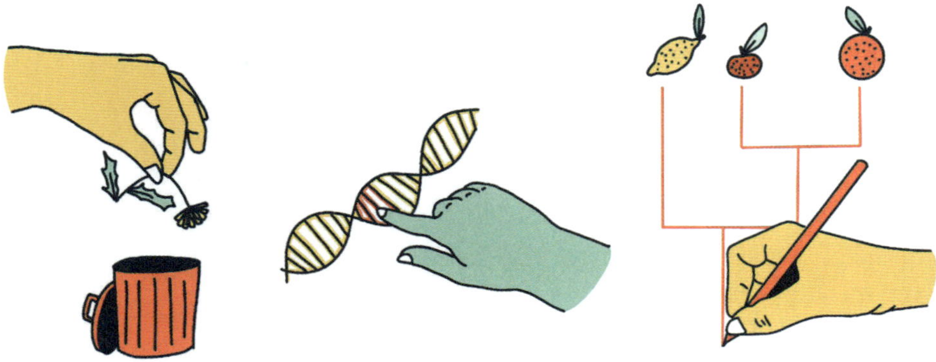

L'ACCROISSEMENT CONSIDÉRABLE DE NOS CAPACITÉS D'INTERVENTION FAIT RÉALISER À QUEL POINT NOUS GAGNERIONS PLUTÔT À PRENDRE EN COMPTE LES ÉQUILIBRES NATURELS DANS LES ÉCOSYSTÈMES ET LES PROCESSUS BIOLOGIQUES DANS LES POPULATIONS.

Question n° 17

COMMENT NOURRIR LE MONDE AVEC LA BIODIVERSITÉ ?

AU COURS DES DERNIERS MILLIERS D'ANNÉES NOUS AVONS TRANSFORMÉ SUCCESSIVEMENT LES :

FORÊTS → PRAIRIES DESTINÉES À L'ÉLEVAGE → CULTURES → TERRES IMPROPRES À L'AGRICULTURE

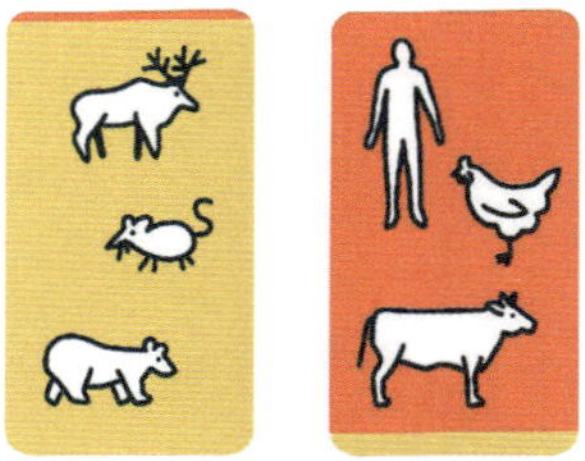

- 12 000 ans — Aujourd'hui

IL Y A 12 000 ANS, LA BIOMASSE DES MAMMIFÈRES (c'est-à-dire le poids de l'ensemble des mammifères sur Terre) ÉTAIT COMPOSÉE À 99,9% D'ANIMAUX SAUVAGES...

...AUJOURD'HUI, L'HUMAIN ET SES ANIMAUX DOMESTIQUES REPRÉSENTENT ENVIRON 98% DE LA BIOMASSE TOTALE DES MAMMIFÈRES À L'ÉCHELLE DE LA PLANÈTE.

LE MODÈLE AGRICOLE INTENSIF RÉCENT

AU COURS DE CES 50 DERNIÈRES ANNÉES, LES AGRICULTEURS ONT REMPLACÉ LA RÉGULATION BIOLOGIQUE NATURELLE DE L'AGROSYSTÈME PAR DES CONTRÔLES EXTERNES :

RECOURS MASSIFS AUX INTRANTS CHIMIQUES (fertilisants, pesticides)

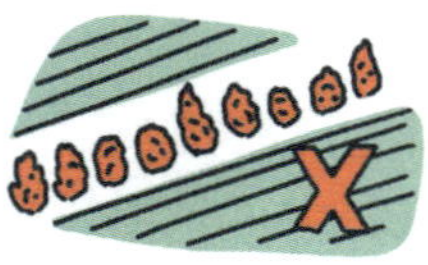

ÉLIMINATION DES HABITATS NATURELS (bordures, haies, bosquets)

MÉCANISATION DES PRATIQUES AGRICOLES

LA BIODIVERSITÉ DES PARCELLES A ÉTÉ IGNORÉE, VOIRE COMBATTUE PAR LES AGRICULTEURS ALORS QU'ELLE EST INDISPENSABLE À L'ACTIVITÉ AGRICOLE CAR ELLE EST RESPONSABLE :

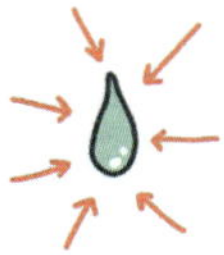

De la capacité de rétention en eau des sols

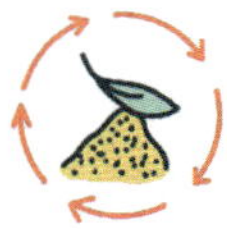

Du recyclage de la matière organique

De la pollinisation

De la lutte contre les nuisibles

DEPUIS DES DÉCENNIES POURTANT, LE MODÈLE AGRICOLE PROMU PAR LA RECHERCHE, LES INSTITUTS TECHNIQUES, LE CONSEIL AGRICOLE, S'EST ÉVERTUÉ À REMPLACER LA BIODIVERSITÉ " GRATUITE ", PAR DES SOLUTIONS TECHNOLOGIQUES COÛTEUSES.

CES "SOLUTIONS" ONT DE MULTIPLES IMPACTS NÉGATIFS (QUALITÉ DES EAUX, DES SOLS, SANTÉ HUMAINE ET DES ÉCOSYSTÈMES) QUI NE SONT JAMAIS PRIS EN COMPTE DANS LES CALCULS ÉCONOMIQUES.

Par exemple, les pesticides rapportent 900 millions d'euros de bénéfices pour un coût social de 2,3 milliards d'euros.

CE MODÈLE N'EST NI DURABLE NI TENABLE ET CONSTITUE UN RISQUE EXISTENTIEL POUR L'AGRICULTURE, SA RÉSILIENCE, ET DONC L'ALIMENTATION DE L'HUMANITÉ.

CE MODÈLE DE PRODUCTION INTENSIVE A TRANSFORMÉ SON OBJECTIF PREMIER DE NOURRIR L'HUMANITÉ EN UN OBJECTIF DE RENTABILITÉ ET DE PROFIT FINANCIER, CRÉANT DE NOMBREUSES INCOHÉRENCES :

70% de la production agricole est destinée à l'alimentation animale

Les denrées sont majoritairement exportées...

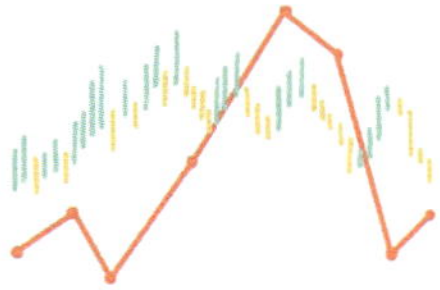

... et font l'objet de spéculations financières

COMMENT PRODUIRE SANS DÉTRUIRE ?

LE PRINCIPAL DÉFI DE L'AGRICULTURE POUR LES PROCHAINES DÉCENNIES EST DE RÉPONDRE AUX BESOINS ALIMENTAIRES D'UNE POPULATION MONDIALE CROISSANTE SANS SACRIFIER DAVANTAGE L'ENVIRONNEMENT.

POUR CELA, IL VA FALLOIR CHANGER RAPIDEMENT ET RADICALEMENT NOTRE SYSTÈME AGRICOLE, QUI DEVRA CONCILIER PRODUCTION ALIMENTAIRE ET BIODIVERSITÉ.

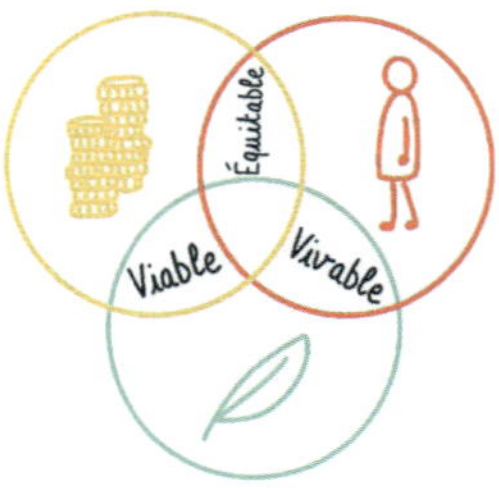

C'EST LE PRINCIPE DE L'AGROÉCOLOGIE : UN MODÈLE DE PRODUCTION SOCIO-ÉCONOMIQUE, RESPECTUEUX DE LA NATURE, RÉMUNÉRATEUR POUR LES AGRICULTEURS, ET OÙ LA BIODIVERSITÉ EST CENTRALE.

L'AGROÉCOLOGIE : UN CHANGEMENT TRANSFORMATIF

L'AGROÉCOLOGIE IMPLIQUE UNE REFONTE COMPLÈTE DU SYSTÈME AGRO-ALIMENTAIRE ET DE NOS MODES D'ALIMENTATION SUR PLUSIEURS PLANS :

Utiliser la nature et la biodiversité pour gérer la faune et la flore nuisibles sans pesticides, sans fertilisants de synthèse et sans excès d'eau

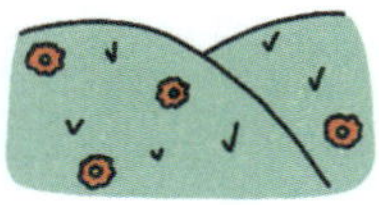

Maintenir les prairies qui régulent des fonctions majeures comme la qualité de l'eau, la régulation des gaz à effet de serre et le recyclage de la matière organique.

Restaurer le cycle harmonieux végétation-pâturage-engrais (fumier), autrefois systématique.

Remplacer l'élevage intensif par de l'élevage extensif, en plein air, intégrant le bien-être animal et des circuits de distribution en vente directe qui rémunère mieux les agriculteurs.

Diminuer notre consommation de viande pour améliorer notre santé et réduire notre empreinte environnementale en remplaçant une part des protéines animales par des protéines végétales.

Utiliser plus de parcelles pour l'alimentation humaine que pour les animaux et ainsi réduire les surfaces agricoles au profit des forêts et autres écosystèmes naturels.

Relocaliser les systèmes alimentaires (en France par exemple, 70% de la production de céréales est exportée) en augmentant la part de production destinée à un usage local.

LE MOT DE LA FIN

SI CES ASPIRATIONS SOCIÉTALES ET ÉCOLOGIQUES NE SONT PAS PRISES EN COMPTE RAPIDEMENT PAR LES ÉLEVEURS, LES AGRICULTEURS ET LES FILIÈRES, CE SERA LA FIN D'UNE AGRICULTURE RÉSILIENTE ET DE LA BIODIVERSITÉ.

MAIS ON NE PEUT PAS LAISSER LES AGRICULTEURS ASSUMER SEULS LE COÛT DE LA TRANSITION ÉCOLOGIQUE...

C'EST TOUT D'ABORD À L'ÉTAT, VIA LES SUBVENTIONS PUBLIQUES, DE SOUTENIR FINANCIÈREMENT LES MODÈLES AGRICOLES À FAIBLE IMPACT SUR L'ENVIRONNEMENT, CE QUI N'EST PAS ENCORE LE CAS EN FRANCE...

MAIS CE SONT LES CITOYENS QUI ONT UN VRAI RÔLE À JOUER : CELUI DE CONSOMMATEURS.

EN ACHETANT DES PRODUITS CULTIVÉS OU ÉLEVÉS DANS LE RESPECT DE L'ENVIRONNEMENT, ILS ENCOURAGENT LES BONNES PRATIQUES QUI SE MULTIPLIERONT ET DEVIENDRONT LA NORME.

Question n° 18

QUE PEUT-ON FAIRE POUR PROTÉGER LA BIODIVERSITÉ ET BÉNÉFICIER DES SERVICES ÉCOSYSTÉMIQUES ?

FACE AU DÉCLIN DE LA BIODIVERSITÉ ET À L'ÉCHEC DES POLITIQUES DE PRÉSERVATION, L'IPBES (EQUIVALENT DU GIEC POUR LA BIODIVERSITÉ) PROPOSE LA NOTION DE "CHANGEMENT TRANSFORMATEUR" :

" une réorganisation fondamentale, systémique, des facteurs économiques, sociaux, technologiques, y compris les paradigmes, les objectifs et les valeurs ".

CETTE NOTION PEUT ÊTRE DÉCLINÉE EN QUATRE TYPES D'ACTIONS COMPLÉMENTAIRES NÉCESSAIRES POUR PRÉSERVER LA BIODIVERSITÉ.

PROTÉGER ET RESTAURER

LA PROTECTION ET LA RESTAURATION PASSENT PAR LA CRÉATION D'ESPACES PROTÉGÉS CHOISIS EN FONCTION DE PLUSIEURS CRITÈRES :

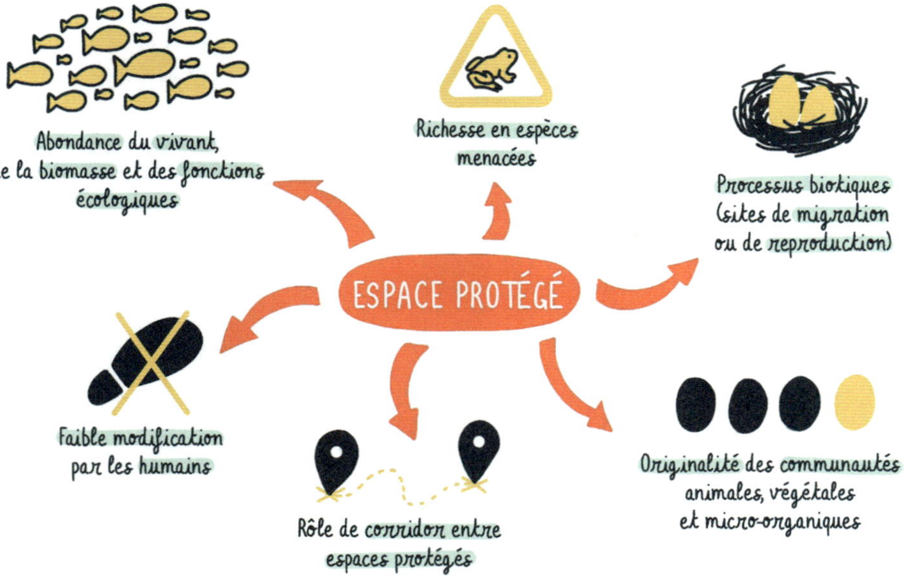

OR, UN À DEUX MILLIARDS D'HUMAINS SONT PRÉSENTS DANS CES ESPACES.
IL FAUT DONC LEUR PROPOSER DES PERSPECTIVES DE PROGRÈS EN COMPLÉMENTARITÉ AVEC LA PROTECTION DE LA NATURE COMME :

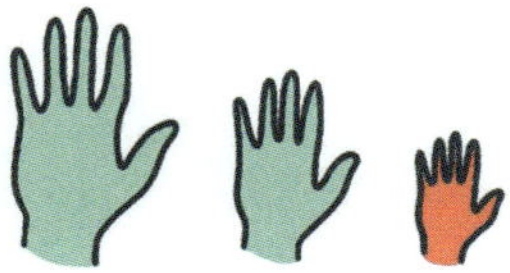

Diminuer l'impact de nos sociétés sur ces territoires, en s'inspirant du style de vie des peuples autochtones.

(Ré)introduire des espèces sauvages, afin de restaurer des processus écologiques disparus.

Adapter les socio-écosystèmes à la rapidité et la brutalité des changements globaux.

CETTE PROTECTION ET RESTAURATION CONCERNE TOUS LES TERRITOIRES, AUSSI BIEN LES ÉCOSYSTÈMES "NATURELS", QUE CEUX PROFONDÉMENT MODIFIÉS PAR LES HUMAINS.

RÉDUIRE LES PRESSIONS PESANT SUR LA BIODIVERSITÉ

POUR RAPPEL, ON EN CONSIDÈRE CINQ GRANDS TYPES :

CET OBJECTIF SUPPOSE DE PROFONDS CHANGEMENTS DE PRATIQUES.

RÉORGANISER L'ÉCONOMIE ET LES SYSTÈMES DE PRODUCTION

POUR CELA, IL FAUT DISPOSER D'OUTILS TECHNIQUES ET ÉCONOMIQUES POUR AMÉLIORER LE BILAN ENVIRONNEMENTAL DES SYSTÈMES :

DE PRODUCTION

ALIMENTAIRES

ÉNERGÉTIQUES

CELA EST ÉVIDENT DANS LE CAS DE L'AGRICULTURE, AVEC LE DÉVELOPPEMENT DE L'AGROÉCOLOGIE, BASÉE SUR LA DIVERSITÉ DE LA NATURE ET SES PROPRIÉTÉS, AFIN DE RÉPONDRE AUX BESOINS HUMAINS CROISSANTS :

- [x] RÉDUCTION DE L'USAGE DE PESTICIDES ET DE FERTILISANTS DE SYNTHÈSE
- [x] DIVERSITÉ DES CULTURES
- [x] LONGUEUR DES ROTATIONS
- [x] DÉPLOIEMENT D'INFRASTRUCTURES ÉCOLOGIQUES (HAIES, BOSQUETS ET MARES)
- [x] RÉDUCTION DE LA TAILLE DES PARCELLES

CE CHANGEMENT DE PRATIQUES NÉCESSITERA LA FORMATION DES ACTEURS À LA COMPLEXIFICATION DES PAYSAGES ET DES PRATIQUES AINSI QUE LA MISE EN PLACE D'UNE RECONNAISSANCE SOCIO-ÉCONOMIQUE DES EFFORTS.

EN EFFET, POUR QUE CES TRANSFORMATIONS DES SYSTÈMES DE PRODUCTION AIENT LIEU ET POUR QUE LES POPULATIONS Y ADHÈRENT, IL IMPORTE DE CRÉER UN CONTEXTE ÉCONOMIQUE FAVORABLE, EN TERMES DE LOIS, DE SUBVENTIONS, DE TAXES ET DE FISCALITÉ.

TRANSITER VERS DES STYLES DE VIE ET DES VILLES DURABLES

CETTE RÉORGANISATION ÉCONOMIQUE DÉPEND DES CONSOMMATEUR·ICES, DONT LES ATTENTES DEVRONT ÊTRE PLUS SOBRES AFIN DE RENDRE LES IMPACTS HUMAINS COMPATIBLES AVEC LES LIMITES PLANÉTAIRES. CELA SUPPOSE :

Une réduction de la consommation énergétique

Une réduction des apports en protéines animales, sucres et gras, dans les pays les plus riches.

Une réduction de la consommation matérielle en termes de loisirs, styles de vie et de consommation...

Un renforcement de la présence de la nature en ville (espaces verts, toitures végétales, etc.)

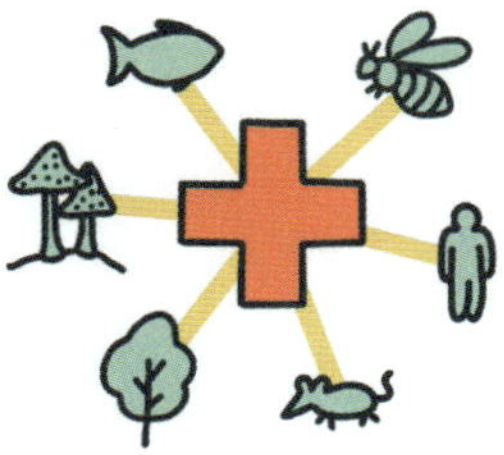

TOUT CECI CONTRIBUERA NON SEULEMENT À PRÉSERVER LA BIODIVERSITÉ MAIS AUSSI À AMÉLIORER LE CADRE DE VIE ET LA SANTÉ DES HUMAINS. C'EST LÀ L'ENJEU " D'UNE SEULE SANTÉ ", OÙ SANTÉS DES HUMAINS, DES ANIMAUX, DES VÉGÉTAUX ET DES ÉCOSYSTÈMES, SONT LIÉES.

LE MOT DE LA FIN

CES QUATRE TYPES D'ACTIONS SONT COMPLÉMENTAIRES ET SYNERGIQUES.

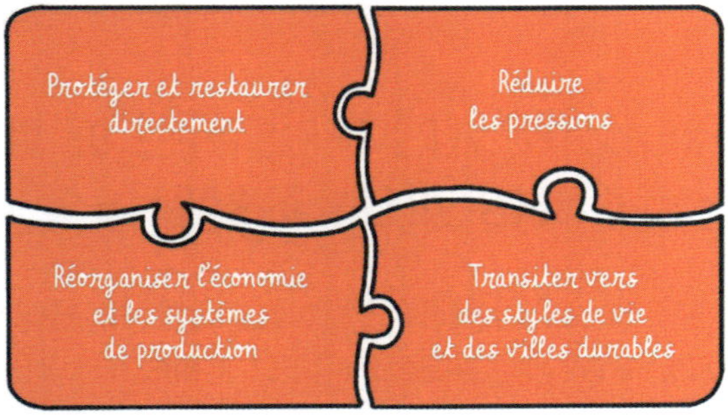

CES CHANGEMENTS CONCERNENT L'ENSEMBLE DES SECTEURS ET ACTIVITÉS HUMAINES, SOCIALES, ÉCONOMIQUES, OU POLITIQUES.

OR, IL EST DIFFICILE DE CHANGER LES MODÈLES ÉCONOMIQUES SANS MODIFICATION DE LA DEMANDE SOCIALE ET RÉCIPROQUEMENT. POUR " CHANGER ", IL EST ESSENTIEL DE NOUS DÉBARRASSER DE NOTRE VISION DOMINATRICE ET UTILITARISTE DE LA NATURE CAR NOUS EN FAISONS PARTIE.

C'EST DONC UNE VISION DES HUMAINS AVEC LA NATURE QUI PERMETTRA CES CHANGEMENTS ET, PEUT-ÊTRE DE PARVENIR À COHABITER DURABLEMENT AVEC L'ENSEMBLE DU VIVANT.

Question n° 19

COMMENT L'ÉCONOMIE DOIT-ELLE AIDER LA BIODIVERSITÉ ?

POURQUOI NOTRE SYSTÈME ÉCONOMIQUE ACTUEL DESSERT LA BIODIVERSITÉ ?

DANS NOS SOCIÉTÉS OCCIDENTALES, LE SYSTÈME CAPITALISTE EST DOMINANT. IL A POUR FONDEMENTS LA PROPRIÉTÉ PRIVÉE ET LA LIBERTÉ DU MARCHÉ ET EST FONDÉ SUR L'ACCUMULATION DU CAPITAL.

SI LE CAPITALISME EST SI PEU EN ADÉQUATION AVEC LA BIODIVERSITÉ, C'EST PARCE QUE CETTE LOGIQUE DE CROISSANCE DU CAPITAL INCITE FORTEMENT À LA SUREXPLOITATION DES RESSOURCES NATURELLES.

MAIS C'EST AUSSI PARCE QUE LA NATURE EST EXCLUE DE SA VISION GLOBALE, OR ELLE N'EST PAS EXTÉRIEURE À L'ÉCONOMIE, MAIS AU CONTRAIRE UNE DES RESSOURCES CENTRALES À PRENDRE EN COMPTE.

POUR QUE L'ÉCONOMIE PUISSE CONTRIBUER À PROTÉGER LA BIODIVERSITÉ, IL FAUT METTRE EN PLACE UN NOUVEAU SYSTÈME.

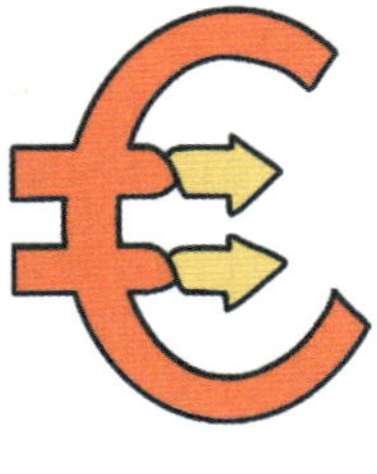

INCITER À MIEUX GÉRER LA BIODIVERSITÉ

AVANT TOUT, IL FAUT :

- IMPOSER DES LIMITES BIOPHYSIQUES STRICTES
  (surfaces consommées, ressources naturelles utilisées, etc)
- INTERDIRE LES USAGES LES PLUS DESTRUCTEURS
  (chalutage, déforestation, pollutions, etc)

IL FAUDRAIT SANCTIONNER LES ACTIVITÉS ÉCONOMIQUES DESTRUCTRICES ET RÉCOMPENSER CELLES QUI PERMETTENT DE SAUVER DES ESPÈCES ET DES HABITATS NATURELS EN RÉORIENTANT TOTALEMENT LE SYSTÈME DES SUBVENTIONS PUBLIQUES.

AUJOURD'HUI 95% DES SUBVENTIONS DE LA POLITIQUE AGRICOLE COMMUNE (PAC) SONT INDEXÉES SUR DES SURFACES ET PAS SUR DES PRATIQUES.

Les grands bénéficiaires de ces subventions sont donc les céréaliers intensifs et pas les maraîchers bio.

DE MÊME, PLUS DE 80% DES AIDES VONT À LA PÊCHE AU CHALUT ET SEULEMENT 19% À LA PÊCHE AUX "ARTS DORMANTS" *(casiers par exemple).*

CE NE SONT PAS DES ORIENTATIONS IMPOSÉES PAR L'UNION EUROPÉENNE, MAIS BIEN UN CHOIX DE L'ÉTAT FRANÇAIS. DES PAYS COMME L'ALLEMAGNE OU L'AUTRICHE FONT, EUX, TRÈS LARGEMENT BÉNÉFICIER LES AGRICULTEURS BIOS DES SUBVENTIONS.

INCITER À INVESTIR DANS LA BIODIVERSITÉ ET APPLIQUER DES SANCTIONS AVEC (BEAUCOUP) PLUS DE RIGUEUR

DEPUIS LE DÉBUT DES ANNÉES 2000, AUCUNE AUGMENTATION DE L'INVESTISSEMENT DES ENTREPRISES DANS DES INNOVATIONS TECHNIQUES POUR RÉDUIRE LEUR IMPACT ENVIRONNEMENTAL N'A ÉTÉ OBSERVÉE.

POURTANT, SUR CES 20 DERNIÈRES ANNÉES, LA FRANCE A ADOPTÉ UNE RIBAMBELLE DE LOIS INCITANT À INVESTIR DANS LA BIODIVERSITÉ ET DANS LESQUELLES ON TROUVE DES OBJECTIFS DE FORTE PROTECTION.

(Absence de perte nette de biodiversité, atteinte du bon état de conservation des espèces ou du bon état des masses d'eau, etc.)

MALGRÉ TOUT, LES DESTRUCTIONS CONTINUENT POUR LA SIMPLE ET BONNE RAISON QUE LES DÉLITS ENVIRONNEMENTAUX SONT LES MOINS PUNIS EN FRANCE.

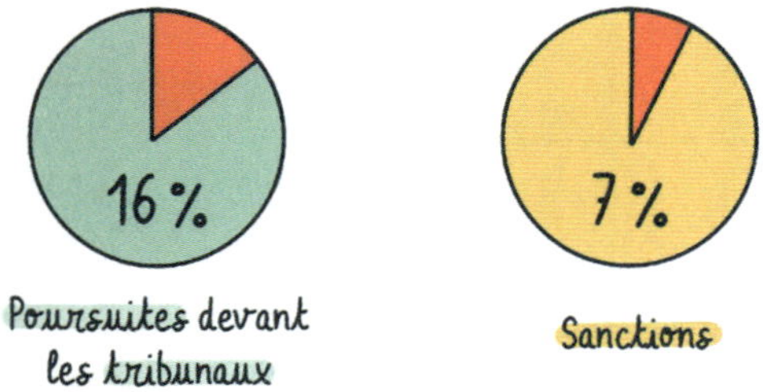

NOTRE PAYS EST CELUI QUI A LE PLUS DE PRÉCONTENTIEUX AVEC L'EUROPE DU FAIT DE L'ABSENCE D'APPLICATION DES DIRECTIVES ENVIRONNEMENTALES EUROPÉENNES.

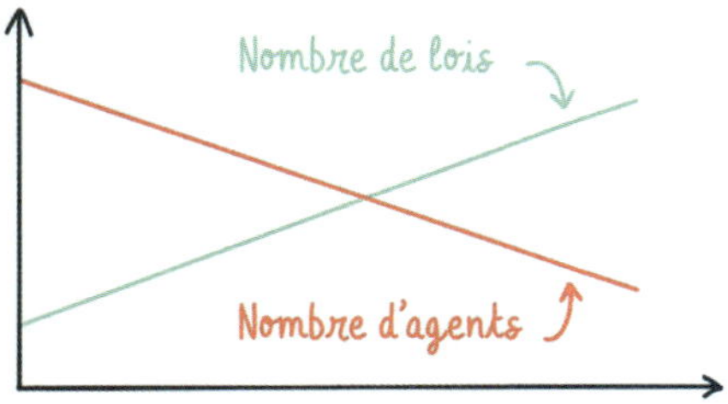

CE QUI EST LOGIQUE PUISQUE DEPUIS 2000, LE NOMBRE DE FONCTIONNAIRES TRAVAILLANT DANS LES ADMINISTRATIONS EN CHARGE DE LA PROTECTION DE L'ENVIRONNEMENT N'A CESSÉ DE BAISSER ALORS QUE LE NOMBRE DE LOIS SUR LE SUJET N'A CESSÉ D'AUGMENTER.

D'AUTRES CHOIX SONT POURTANT POSSIBLES : LES ÉTATS-UNIS PAR EXEMPLE, EN RENFORÇANT LES CONTRÔLES ET LES SANCTIONS, ONT PERMIS LA CRÉATION DE 125 000 EMPLOIS DANS LE SECTEUR DE LA RESTAURATION ÉCOLOGIQUE… SOIT BIEN PLUS QUE DANS LES SECTEURS DU CHARBON ET DE L'ACIER !

FAIRE APPLIQUER LA LOI EN MATIÈRE DE PROTECTION DE LA BIODIVERSITÉ REVIENT SIMPLEMENT À SANCTIONNER DES SECTEURS DU 20e SIÈCLE POUR FAVORISER L'ÉMERGENCE DE CEUX DU 21e SIÈCLE.

CRÉER UNE NOUVELLE ÉCONOMIE

POUR PARVENIR À CRÉER UNE NOUVELLE ÉCONOMIE, IL VA FALLOIR :

DÉSINTENSIFIER NOTRE SYSTÈME ÉCONOMIQUE EN REMPLAÇANT LES MACHINES ET INTRANTS CHIMIQUES PAR DU TEMPS DE TRAVAIL ET DE LA BIODIVERSITÉ.

Cela concerne tous les secteurs d'activités ayant des impacts sur la biodiversité (agriculture, pêche, bâtiment, pharmacie, etc.)

ACCORDER UN DROIT À LA NATURE ET AUX ENTITÉS QUI LA COMPOSENT EN LES CONSIDÉRANT COMME DES ACTEURS AVEC LESQUELS NOUS INTERAGISSONS ET COHABITONS PLUTÔT QUE COMME DES CHOSES DESTINÉES À ASSOUVIR NOS BESOINS.

Il n'est évidemment pas question de viser une pleine égalité entre humains et non-humains, mais cela offre un objectif idéologique et permet d'imaginer des trajectoires de progression.

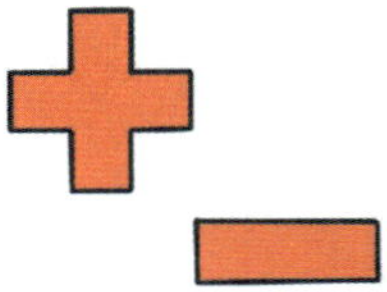

INCITER LES CONSOMMATEURS À PLUS DE SOBRIÉTÉ EN METTANT EN PLACE UN SYSTÈME DE BONUS-MALUS ENVIRONNEMENTAL APPLIQUÉ AU PRIX DE TOUS LES BIENS ET SERVICES.

Pour cela, il faudrait que l'État aide les citoyens à faire leur transition écologique en accordant des aides et subventions.

LE MOT DE LA FIN

INDIRECTEMENT, PROTÉGER LA BIODIVERSITÉ PERMET AUSSI DE CRÉER DE L'EMPLOI DANS DE NOMBREUX DOMAINES : AGRO-ÉCOLOGIE, INGÉNIERIE ÉCOLOGIQUE, CONSEIL ENVIRONNEMENTAL, GESTION DES ESPACES PROTÉGÉS.

MAIS POUR QUE CES FILIÈRES AIENT DES DÉBOUCHÉS, IL FAUT COMMENCER PAR DURCIR LES LOIS ET LES FAIRE APPLIQUER…

À TITRE D'EXEMPLE, L'ÉCOCIDE EST CONSIDÉRÉ, DANS LE DROIT FRANÇAIS, COMME UN DÉLIT ET NON UN CRIME… N'ENGENDRANT DONC PAS DU TOUT DES SANCTIONS À LA HAUTEUR DES ENJEUX…

Question n° 20

UN MONDE ET UNE BIODIVERSITÉ DURABLES ?

UN MONDE INSOUTENABLE

QUE L'ON NE S'Y TROMPE PAS, SI NOS BESOINS ACTUELS NE SONT PAS SATISFAITS, ALORS CEUX DES GÉNÉRATIONS FUTURES, À CE RYTHME, NE LE SERONT PAS NON PLUS :

800 MILLIONS
d'humains souffrent de la faim

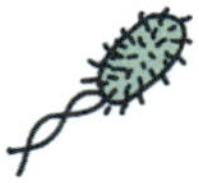

50 MILLIONS
meurent de maladies infectieuses

TANDIS QUE...

40 %
des céréales produites nourrissent le bétail

1 TIERS
de la production alimentaire est jetée

OUTRE QU'IL EST NÉCESSAIRE DE PRODUIRE MIEUX ET PLUS ÉQUITABLEMENT, IL EST AVANT TOUT QUESTION DE LA DURABILITÉ DE NOTRE MONDE, C'EST-À-DIRE DE SA CAPACITÉ À SATISFAIRE LES BESOINS DES GÉNÉRATIONS PRÉSENTES SANS COMPROMETTRE CELLES DES GÉNÉRATIONS FUTURES.

UN CHANGEMENT TRANSFORMATEUR

RÉDUIRE LES PRESSIONS QUI PÈSENT SUR LA BIODIVERSITÉ NE PEUT ÊTRE OBTENU PAR DES INJONCTIONS AUTORITAIRES ET NÉGATIVES DE SOBRIÉTÉ, DE RENONCEMENT OU D'INTERDICTION.

POUR Y PARVENIR, IL FAUT TRANSFORMER NOS SYSTÈMES DE PRODUCTION ET NOTRE RELATION AU VIVANT, PROGRESSIVEMENT MAIS FERMEMENT, EN ADOPTANT DES MESURES DONT LA MISE EN PLACE EST SIMPLE MAIS DONT LA PUISSANCE EST EXCEPTIONNELLE.

UN CONCEPT CENTRAL REPOSE SUR LES "SOLUTIONS FONDÉES SUR LA NATURE".

IL S'AGIT D'UTILISER LA PUISSANCE DE LA BIODIVERSITÉ COMME LEVIER, AFIN D'OBTENIR DES CO-BÉNÉFICES POUR LES HUMAINS ET LE RESTE DE LA BIODIVERSITÉ, AVEC UN MINIMUM D'EFFETS NÉGATIFS.

IL EN EST AINSI DES AIRES PROTÉGÉES DANS LESQUELLES LES POPULATIONS SE RÉTABLISSENT ET BÉNÉFICIENT AUX AIRES ADJACENTES, MAIS AUSSI DES AIRES NON PROTÉGÉES MAIS RESTAURÉES, AVEC DES ZONES HUMIDES, DES FORÊTS OU DES HAIES RÉTABLIES OU REPLANTÉES.

CES MILIEUX PROTÉGÉS OU RESTAURÉS SE REPEUPLENT SPONTANÉMENT ET ONT DES EFFETS BÉNÉFIQUES EXTRAORDINAIRES EN L'ESPACE DE QUELQUES ANNÉES.

ENFIN, NOS PRODUCTIONS ALIMENTAIRES, ACTUELLEMENT SOURCES MAJEURES DE PERTURBATIONS ENVIRONNEMENTALES, DOIVENT ÊTRE OBTENUES DE MANIÈRE FONDÉE SUR LA NATURE, GRÂCE À L'AGROÉCOLOGIE, EN RÉDUISANT VOIRE SUPPRIMANT PESTICIDES ET ENGRAIS DE SYNTHÈSE, ET EN ÉCONOMISANT L'EAU.

CELA SUPPOSE D'ABANDONNER UNE BONNE FOIS POUR TOUTES DES MÉTHODES BRUTALES ET GROSSIÈRES DONT LA DANGEROSITÉ EST TRISTEMENT AVÉRÉE.

(actions des pesticides non-ciblées exterminant aussi les pollinisateurs, prélèvements inefficaces, élevage, etc.)

QUELS MÉCANISMES DE RÉGULATION ?

PLUSIEURS MÉCANISMES DE RÉGULATION SOCIÉTAUX EXISTENT ET DOIVENT ÊTRE MIS EN PLACE :

SUR LE PLAN ÉCONOMIQUE

LES SUBVENTIONS DOIVENT ÊTRE REDIRIGÉES POUR FAVORISER LES APPROCHES FONDÉES SUR LA NATURE ET LA CONSOMMATION RESPONSABLE.

LA COMPENSATION ÉCOLOGIQUE DOIT ÊTRE STRICTEMENT ENCADRÉE, AFIN DE NE PAS JUSTIFIER LA DESTRUCTION D'ÉCOSYSTÈMES NATURELS.

LE PRINCIPE DE POLLUEUR-PAYEUR DOIT ÊTRE ACCRU AFIN DE DISSUADER LES PROJETS ET ACTIVITÉS LES PLUS DESTRUCTEURS DE BIODIVERSITÉ.

LES PAIEMENTS INCITATIFS DOIVENT SE DÉVELOPPER AFIN D'ACCÉLÉRER L'INVESTISSEMENT DANS LA TRANSITION ÉCOLOGIQUE.

SUR LES PLANS JURIDIQUE ET RÉGLEMENTAIRE

LES PRATIQUES ILLÉGALES DOIVENT FAIRE L'OBJET DE POURSUITES OU DE CONDAMNATIONS À LA MESURE DE LEUR GRAVITÉ.

LES PRINCIPES DE PRÉVENTION ET DE PRÉCAUTION DOIVENT ÊTRE FORTEMENT ACCRUS ET SE BASER SUR L'ANALYSE DES RISQUES ENCOURUS.

LES ENGAGEMENTS PRIS AU NIVEAU INTERNATIONAL DOIVENT ABSOLUMENT ÊTRE TRADUITS AU NIVEAU NATIONAL.

SUR LE PLAN ORGANISATIONNEL

LES CIRCUITS LONGS DOIVENT ÊTRE SÉVÈREMENT LIMITÉS OU DÉCOURAGÉS CAR ILS CRISTALLISENT LA PLUPART DES CAUSES DE DÉCLIN DE LA BIODIVERSITÉ.

SUR LE PLAN DE L'ÉDUCATION

LES FORMATIONS DES CITOYEN.NES ET DES POLITIQUES DOIVENT ÊTRE PLUS FOCALISÉES SUR LA QUESTION DE LA CRISE DE LA BIODIVERSITÉ ET SES SOLUTIONS.

LES MÉTIERS DURABLES OU D'AGROÉCOLOGIE DOIVENT AVOIR LEUR FILIÈRE PROPRE ET ÊTRE VALORISÉS.

LA RECONNAISSANCE ET L'UTILISATION DES CONNAISSANCES DURABLES AUTOCHTONES DOIVENT ÊTRE APPLIQUÉES.

SUR LE PLAN SOCIAL

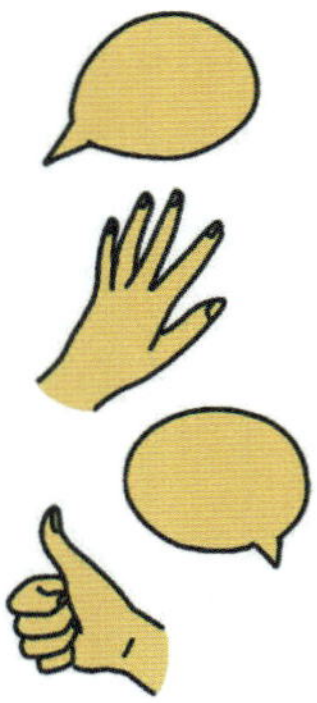

UNE JUSTICE SOCIALE DOIT ÊTRE MISE EN PLACE EN VEILLANT À ASSURER UN ACCÈS ÉQUITABLE AUX RESSOURCES ET À RECONNAÎTRE ET PROTÉGER LES DROITS DES FEMMES ET DES COMMUNAUTÉS AUTOCHTONES.

LE DÉVELOPPEMENT DE NOUVELLES NORMES SOCIALES EST UNE ÉTAPE INDISPENSABLE À LA CRÉATION DE NOUVELLES CONDITIONS QUI INCITERONT LES GOUVERNEMENTS, LE SECTEUR PRIVÉ ET LES INDIVIDUS À APPORTER LES CHANGEMENTS NÉCESSAIRES À LEUR COMPORTEMENT.

LE MOT DE LA FIN

GARANTIR LA DURABILITÉ DE NOTRE MONDE ET DE LA BIODIVERSITÉ EST UN DÉFI MAJEUR AUQUEL NOUS N'AVONS ENCORE JAMAIS ÉTÉ CONFRONTÉS.

LES RÉSULTATS OBTENUS DEPUIS QUELQUES ANNÉES EN MATIÈRE D'ATTÉNUATION CLIMATIQUE NE PERMETTENT MALHEUREUSEMENT PAS D'ENVISAGER UN SUCCÈS AISÉ DANS LE DOMAINE DE LA BIODIVERSITÉ, D'AUTANT QUE LE SUJET SEMBLE AVOIR ENCORE MOINS D'IMPACT SOCIÉTAL ET POLITIQUE QUE LE CLIMAT.

NOUS AVONS CEPENDANT DEUX ATOUTS MAJEURS QUI PERMETTENT DE RESTER OPTIMISTES :

LA FORTE EMPATHIE NATURELLE QUE L'ESPÈCE HUMAINE MANIFESTE POUR LA DIVERSITÉ DU VIVANT QUI PERMET DE PRENDRE CONSCIENCE DE LA PROBLÉMATIQUE ET D'ADHÉRER À UNE POLITIQUE APPROPRIÉE.

LA PUISSANCE DE LA BIODIVERSITÉ *(capacités de reproduction, de dispersion, d'interaction et d'évolution)* SUR LAQUELLE REPOSENT LES POLITIQUES DE PROTECTION, DE RESTAURATION OU DE PRODUCTION ALIMENTAIRE DURABLE. CES PRATIQUES ONT FAIT LEURS PREUVES, NOUS DEVONS ABSOLUMENT LES UTILISER À PLUS LARGE ÉCHELLE ET RAPIDEMENT.

PRÉSENTATION DES AUTEURS

PHILIPPE GRANDCOLAS - INSTITUT ECOLOGIE ET ENVIRONNEMENT (INEE)

DIRECTEUR ADJOINT SCIENTIFIQUE

Directeur de recherche au CNRS, Philippe Grandcolas étudie l'évolution des insectes et de leurs comportements dans les écosystèmes tropicaux. Il a mené ses études notamment en référence à la dynamique des écosystèmes dans lesquels ces insectes vivent. Il s'est ainsi intéressé aux conséquences de la fragmentation de la forêt atlantique brésilienne ou de l'histoire géologique tectonique de la Nouvelle-Calédonie. Ses travaux de terrain lui ont permis d'être témoin des politiques publiques et de la dégradation de l'état de l'environnement dans de nombreux pays. La volonté de partager ce constat inquiétant et la participation à des expertises collectives lui ont donné la conviction que les scientifiques doivent plus largement transmettre et rendre intelligibles les méthodes et les résultats de leurs études. Il ainsi publié de nombreux articles de vulgarisation et il est l'auteur du *Sourire du Pangolin* publié en 2021 à CNRS Éditions. Il a créé et développé pendant 10 ans un laboratoire mixte de 200 personnes (ISYEB) consacré à la description et à l'étude de l'évolution de la biodiversité. Ses fonctions de directeur adjoint scientifique au CNRS concernent l'interdisciplinarité, la médiation scientifique et la représentation du CNRS auprès des plateformes internationales comme l'IPBES ou la COP biodiversité.

CLAIRE MARC - MÉDUSE COMMUNICATION

MÉDIATION SCIENTIFIQUE & SYNTHÈSE GRAPHIQUE

Titulaire d'un master en océanographie et d'un master de médiation scientifique, Claire Marc a fait le constat qu'un immense fossé séparait les scientifiques du grand public. Elle a donc créé son agence de communication scientifique Méduse Communication afin que chaque citoyen puisse se réapproprier les sciences. Comment ? En accompagnant les professionnels des sciences dans la communication autour de leurs travaux pour valoriser leurs résultats auprès du public. Sa spécialité : réaliser des synthèses visuelles d'articles scientifiques.

REMERCIEMENTS

Les auteurs remercient tous les chercheurs et chercheuses qui ont fourni le contenu scientifique de l'ouvrage :

BIODIVERSITÉ, QU'EST-CE QUE ÇA VEUT DIRE ?
UN MONDE ET UNE BIODIVERSITÉ DURABLES ?

PHILIPPE GRANDCOLAS Chercheur CNRS à l'Institut de Systématique, Evolution, Biodiversité (ISYEB) et CNRS-INEE, Paris

À QUOI SERT LA BIODIVERSITÉ ?
QUEL RAPPORT ENTRE BIODIVERSITÉ ET CLIMAT ?

SANDRA LAVOREL Chercheuse CNRS au Laboratoire d'Ecologie Alpine (LECA) à Grenoble et membre de l'Académie des Sciences

QU'EST-CE QU'UN ÉCOSYSTÈME ?

GUDRUN BORNETTE Chercheuse CNRS au Laboratoire Chrono-environnement à Besançon et CNRS-INEE à Paris

GILLES PINAY Chercheur CNRS au Laboratoire Environnement Ville et Société de Lyon et CNRS-INEE à Paris

COMMENT LA BIODIVERSITÉ ÉVOLUE-T-ELLE ?

THOMAS LENORMAND Chercheur CNRS au Centre d'Ecologie Fonctionnelle et Evolutive (CEFE) à Montpellier

TONY ROBILLARD Enseignant-chercheur à l'Institut de Systématique, Evolution, Biodiversité (ISYEB) à Paris

MARC-ANDRÉ SELOSSE Enseignant-chercheur à l'Institut de Systématique, Evolution, Biodiversité (ISYEB) à Paris

LES HUMAINS ÉVOLUENT-ILS EUX AUSSI ?

EVELYNE HEYER Chercheuse CNRS au Laboratoire Eco-anthropologie à Paris

POURQUOI PARLE-T-ON TOUJOURS DES MÊMES ESPÈCES ?
QU'EST-CE QUI FAIT DISPARAÎTRE UNE ESPÈCE ?

FRANCK COURCHAMP Chercheur CNRS au Laboratoire Écologie, Systématique et Évolution à Orsay

VOYONS-NOUS TOUS LA BIODIVERSITÉ DE LA MÊME MANIÈRE ?

NADIA BELLAÏDI Chercheuse CNRS au Laboratoire Eco-anthropologie à Paris

PEUT-ON PARLER DE NATURE VIERGE ?

VIRGINIE MARIS Chercheuse CNRS au Centre d'Ecologie Fonctionnelle et Evolutive (CEFE) à Montpellier

Chère/cher membre du Codir élargi,

DERSE te souhaite une excellente année 2025

Pour bien la démarrer, voici un petit cadeau (intéressé)

Savais-tu que notre DPAC est recouvert pour un tiers de bitume et pour 2 tiers d'espaces verts ? Et que l'ensemble de ces espaces verts représente l'équivalent de la surface de la forêt de Compiègne ?

Notre rôle dans le soutien à la biodiversité est donc significatif !

Nous pouvons, à notre échelle, lutter contre l'extinction du vivant qui nous entoure, en entretenant cette forêt de Compiègne de la façon la plus favorable possible à l'épanouissement des animaux, végétaux, champignons, bactéries qui peuplent ces espaces

Bonne lecture !

Typhaine, Hélène, Maxime et Julien

POURQUOI DIT-ON QUE L'ON EST DANS LA SIXIÈME CRISE D'EXTINCTION ?

SYLVIE CRASQUIN Chercheuse CNRS au Centre de recherche en paléontologie (CR2P) à Paris

FABIEN CONDAMINE Chercheur CNRS à Institut des sciences de l'évolution à Montpellier

QUEL EST L'IMPACT DES POLLUTIONS SUR LA BIODIVERSITÉ ?

CLÉMENTINE FRITSCH Chercheuse CNRS au Laboratoire Chrono-environnement à Besançon

QUELS SONT LES RISQUES ET ALÉAS DE BIODIVERSITÉ ?

MAGALI REGHEZZA Enseignante-chercheuse à l'ENS, au Laboratoire de géographie physique de Meudon (LGP) et membre du Haut Conseil pour le Climat

POURQUOI Y A-T-IL PLUS DE MALADIES ÉMERGENTES ?

SERGE MORAND Chercheur CNRS au Laboratoire Maladies infectieuses et vecteurs : écologie, génétique, évolution et contrôle (MIVEGEC) à Montpellier et au CIRAD à Bangkok.

QUELS ENJEUX POUR LES FORÊTS ET L'OCÉAN ?

JÉRÔME CHAVE Chercheur CNRS au Laboratoire Evolution et Diversité Biologique (EDB) à Toulouse

JOACHIM CLAUDET Chercheur CNRS au Centre de recherche insulaire et observatoire de l'environnement (CRIOBE) à Perpignan et au CNRS-INEE à Paris

PEUT-ON CONTRÔLER OU MODIFIER LA BIODIVERSITÉ ?

JEAN-MICHEL GAILLARD Chercheur CNRS au Laboratoire de Biométrie et Biologie Evolutive (LBBE) à Lyon

VIRGINIE COURTIER Chercheuse CNRS à l'Institut Jacques Monod à Paris

COMMENT NOURRIR LE MONDE AVEC LA BIODIVERSITÉ ?

VINCENT BRETAGNOLLE Chercheur CNRS au Centre d'études biologiques de Chizé (CEBC) à Villiers-en-Bois

QUE PEUT-ON FAIRE POUR PROTÉGER LA BIODIVERSITÉ ET BÉNÉFICIER DES SERVICES ÉCOSYSTÉMIQUES ?

DENIS COUVET Enseignant-chercheur au Centre d'Ecologie et des Sciences de la Conservation (CESCO) à Paris et Président de la Fondation pour la Recherche sur la Biodiversité (FRB)

COMMENT L'ÉCONOMIE PEUT-ELLE AIDER LA BIODIVERSITÉ ?

HAROLD LEVREL Enseignant-chercheur au Centre International de Recherche sur L'Environnement et le Développement (CIRED) à Nogent-sur-Marne

AGNÈS MICHELOT Enseignante-chercheuse au Laboratoire Littoral, Environnement et Sociétés (LIENSs) à La Rochelle

RÉFÉRENCES

BIODIVERSITÉ, QU'EST-CE QUE ÇA VEUT DIRE ?

Ducarme, F. , Couvet, D. , 2020. What does 'nature' mean? *Palgrave Communications*, 6, 14.

Maris, V. , 2016. *Philosophie de la biodiversité : petite éthique pour une nature en péril*. Buchet/Chastel.

Pellens, R., Grandcolas, P. (Eds.), 2016. Biodiversity Conservation and Phylogenetic Systematics: preserving our evolutionary heritage in an extinction crisis, Topics in Biodiversity and Conservation. Springer Open.

Wilson, E.O. (Ed.), 1988. *Biodiversity*. National Academies Press, Washington.

À QUOI SERT LA BIODIVERSITÉ ?

Bruley, E., Locatelli, B., Lavorel, S., 2021. Nature's contributions to people: coproducing quality of life from multifunctional landscapes. *Ecology and Society*, 26, art12.

Díaz, S., Pascual, U., Stenseke, M., Martín-López, B., *et al.* 2018. Assessing nature's contributions to people. *Science*, 359, 270.

Pascual, U., Balvanera, P., Díaz, S., Pataki, G., *et al.*, 2017. Valuing nature's contributions to people: the IPBES approach. *Current Opinion in Environmental Sustainability*, 26–27, 7–16.

QU'EST-CE QU'UN ÉCOSYSTÈME ?

Ives, A. R., & Carpenter, S. R., 2007. Stability and diversity of ecosystems. *Science*, 317(5834), 58-62.

Loreau, M. 2010. Linking biodiversity and ecosystems: towards a unifying ecological theory. *Philosophical Transactions of the Royal Society B: Biological Sciences*, 365(1537), 49-60.

Ripple, W.J., Beschta, R.L., 2012. Trophic cascades in Yellowstone: The first 15 years after wolf reintroduction. *Biological Conservation*, 145, 205–213.

COMMENT LA BIODIVERSITÉ ÉVOLUE-T-ELLE ?

Barton, N.H., Briggs, D.E., Eisen, J.A., Goldstein, D.B., Patel, N.H. 2007. *Evolution*. CSHL Press.

Fan, Y., Pedersen, O., 2021. Gut microbiota in human metabolic health and disease. *Nature Reviews in Microbiology*, 19, 55–71.

Gobat, J.-M., Aragno, M., Matthey, W., 2004. *The living soil: fundamentals of soil science and soil biology*. Science Publishers, Enfield, NH.

Hortal, J., Bello, F. de, Diniz-Filho, J.A.F., Lewinsohn, T.M., *et al.*, 2015. Seven Shortfalls that Beset Large-Scale Knowledge of Biodiversity. *Annual Review of Ecology, Evolution, and Systematics*, 46, 523–549.

Lefevre, T., Raymond, M., Thomas, F. 2016. *Biologie évolutive*. De Boeck Supérieur.

LES HUMAINS ÉVOLUENT-ILS EUX AUSSI ?

Kong, A., Frigge, M.L., Masson, G., Besenbacher, S., *et al.*, 2012. Rate of de novo mutations and the importance of father's age to disease risk. *Nature 488, 471–475.*

Krausz, C., 2001. Identification of a Y chromosome haplogroup associated with reduced sperm counts. *Human Molecular Genetics*, 10, 1873–1877.

Segurel, L., Guarino-Vignon, P., Marchi, N., Lafosse, S., *et al.*, 2020. Why and when was lactase persistence selected for? Insights from Central Asian herders and ancient DNA. *PLoS Biology*, 18, e3000742.

POURQUOI PARLE-T-ON TOUJOURS DES MÊMES ESPÈCES ?

Courchamp, F., Jaric, I., Albert, C., Meinard, Y., *et al.*, 2018. The paradoxical extinction of the most charismatic animals. *PLoS Biology*. 16 (4), e2003997.

Albert, C., Luque, G.M., Courchamp, F. 2018. The twenty most charismatic species. *PLoS ONE*, 13(7), e0199149.

Troudet, J., Grandcolas, P., Blin, A., Vignes-Lebbe, R., Legendre, F., 2017. Taxonomic bias in biodiversity data and societal preferences. *Scientific Reports*, 7, 9132.

VOYONS-NOUS TOUS LA BIODIVERSITÉ DE LA MÊME MANIÈRE ?

Colchester, M. 1995. Nature sauvage, nature sauvée? Peuples indigènes, zones protégées et conservation de la biodiversité. *Discussion paper, United Nations Research Institute for Social Development* 55F.

Durning, A.T., 1993. Soutenir les populations autochtones. In Brown L.R., *L'état de la planète*, World Watch Insitute, Economica, Paris, 144-152.

Taylor K. Y., 1990. Why Supernatural Eels Matter. In Head, S. & Heinzman, R., *Lessons of the Rainforest*, Sierra Club Book, San Francisco, 184-195.

PEUT-ON PARLER DE NATURE VIERGE ?

Cronon, W. 1995. The trouble with wilderness ; or, getting back to the wrong nature, In W. Cronon (Ed.), *Uncommon ground. Rethinking the human place in nature*, W. W. Norton & Co., New York, 69-90.

Maris, V. 2018. *La part sauvage du monde. Penser la nature dans l'Anthropocène*. Seuil, Paris.

Merchant, C. 1980. *The Death of Nature. Women, Ecology, and the Scientific Revolution*. Harper One, New York.

POURQUOI DIT-ON QUE L'ON EST DANS LA SIXIÈME CRISE D'EXTINCTION ?

Barnosky, A.D., Matzke, N., Tomiya, S., Wogan, G.O.U., *et al.*, 2011. Has the Earth's sixth mass extinction already arrived? *Nature*, 471, 51–57.

De Vos, J.M., Joppa, L.N., Gittleman, J.L., Stephens, P.R., Pimm, S.L., 2015. Estimating the normal background rate of species extinction. *Conservation Biology*, 29, 452–462.

Morlon, H., 2014. Phylogenetic approaches for studying diversification. *Ecology Letters*, 17, 508-525.

QU'EST-CE QUI FAIT DISPARAÎTRE UNE ESPÈCE ?

Bellard, C., Marino, C., Courchamp, F., 2022. Ranking threats to biodiversity and why it doesn't matter. *Nature Communications*, 13(1), 2616.

Brook, B., Sodhi, N., Bradshaw, C., 2008. Synergies among extinction drivers under global change. *Trends in Ecology & Evolution*, 23, 453–460.

Butchart, S.H.M., Walpole, M., Collen, B., van Strien, A., *et al.*, 2010. Global Biodiversity: Indicators of Recent Declines. *Science*, 328, 1164–1168.

QUEL RAPPORT ENTRE BIODIVERSITÉ ET CLIMAT ?

Hoegh-Guldberg, O., Mumby, P.J., Hooten, A.J., Steneck, R.S., *et al.*, 2007. Coral Reefs Under Rapid Climate Change and Ocean Acidification. *Science*, 318, 1737–1742.

Malhi, Y., Aragão, L.E.O.C., Galbraith, D., Huntingford, C., *et al.*, 2009. Exploring the likelihood and mechanism of a climate-change-induced dieback of the Amazon rainforest. *Proceedings of the National Academy of Sciences of the U.S.A.*, 106, 20610–20615.

Mooney, H., Larigauderie, A., Cesario, M., Elmquist, T., *et al.*, 2009. Biodiversity, climate change, and ecosystem services. *Current Opinion in Environmental Sustainability*, 1, 46–54.

QUEL EST L'IMPACT DES POLLUTIONS SUR LA BIODIVERSITÉ ?

Bonebrake, T. C., Guo, F., Dingle, C., Baker, D. M., Kitching, R. L., & Ashton, L. A. 2019. Integrating proximal and horizon threats to biodiversity for conservation. *Trends in Ecology & Evolution*, 34(9), 781-788.

Groh, K., Vom Berg, C., Schirmer, K., & Tlili, A. 2022. Anthropogenic chemicals as underestimated drivers of biodiversity loss: scientific and societal implications. *Environmental Science & Technology*, 56, 707-710.

Persson, L., Carney Almroth, B.M., Collins, C.D., Cornell, S., *et al.*, 2022. Outside the Safe Operating Space of the Planetary Boundary for Novel Entities. *Environmental science & technology*, 56, 1510–1521.

QUELS SONT LES RISQUES ET ALÉAS DE BIODIVERSITÉ ?

Kasperson, J. X., Kasperson, R. E., Turner, B. L., Hsieh, W., Schiller, A. 2022. Vulnerability to global environmental change. In *The social contours of risk*. Routledge, 245-285.

Noss, R.F. 2000. High-risk ecosystems as foci for considering biodiversity and ecological integrity in ecological risk assessments. *Environmental Science & Policy*, 3(6), 321-332.

Reghezza-Zitt, M., & Rufat, S., 2015. *Résiliences: sociétés et territoires face à l'incertitude, aux risques et aux catastrophes*. ISTE.

POURQUOI Y A-T-IL PLUS DE MALADIES ÉMERGENTES ?

Allen, T., Murray, K.A., Zambrana-Torrelio, C., Morse, S.S., *et al.*, 2017. Global hotspots and correlates of emerging zoonotic diseases. *Nature Communications*, 8, 1124.

McMahon, B.J., Morand, S., Gray, J.S. 2018. Ecosystem change and zoonoses in the Anthropocene. *Zoonoses and Public Health*, 65, 755–765.

Morand S., Lajaunie, C., 2018. *Biodiversité et Santé. Les liens entre le vivant, les écosystèmes et les sociétés*. ISTE & Elsevier.

Quels enjeux pour les forêts et l'océan ?

Claudet, J. 2021. The seven domains of action for a sustainable ocean. *Cell*, 184(6), 1426-1429.

FAO. 2022. *The State of the World's Forests 2022*. Forest pathways for green recovery and building inclusive, resilient and sustainable economies. Rome, FAO.

Chave, J., Andalo, C., Brown, S., Cairns, M.A., *et al.*, 2005. Tree allometry and improved estimation of carbon stocks and balance in tropical forests. *Oecologia*, 145, 87–99.

Peut-on contrôler ou modifier la biodiversité ?

Cardillo, M., Mace, G. M., Gittleman, J. L., Jones, K. E., *et al.*, 2008. The predictability of extinction: biological and external correlates of decline in mammals. *Proceedings of the Royal Society B: Biological Sciences, 275(1641), 1441-1448.*

Courtier-Orgogozo, V. 2019. Le forçage génétique (gène drive) et ses applications. *Bulletin de l'Académie Vétérinaire de France*, 172, 94–98.

Didham, R. K., Tylianakis, J. M., Hutchison, M. A., Ewers, R. M., & Gemmell, N. J. 2005. Are invasive species the drivers of ecological change ? *Trends in ecology & evolution*, 20(9), 470-474.

Comment nourrir le monde avec la biodiversité ?

Altieri, M. A. 1983. Agroecology: the scientific basis of alternative agriculture. *Agroecology: the scientific basis of alternative agriculture*. CRC Press.

Benton T.G., Bailey R. 2019. The paradox of productivity: agricultural productivity promotes food system inefficiency. *Global Sustainability*, 2, e6, 1–8.

Garibaldi, L. A., Gemmill-Herren, B., D'Annolfo, R., Graeub, B. E., *et al.*, 2017. Farming Approaches for Greater Biodiversity, Livelihoods, and Food Security. *Trends in Ecology and Evolution*, 32(1), 68–80.

Godfray, H., Charles J., Beddington, J.R., Crute, I.R., *et al.*, 2010. Food security: the challenge of feeding 9 billion people. *Science*, 327: 812-18.

Tendall, D.M., Joerin, J., Kopainsky, B., Edwards, P., *et al.*, 2015. Food system resilience: defining the concept. *Global Food Security*, 6: 17-23.

Que peut-on faire pour protéger la biodiversité et bénéficier des services écosystémiques ?

Allan, J.R., Possingham, H.P., Atkinson, S.C., Waldron, A., *et al.*, 2022. The minimum land area requiring conservation attention to safeguard biodiversity. *Science*, 376, 1094–1101.

Díaz, S., Settele, J., Brondízio, E.S., Ngo, H.T., *et al.*, 2019. Pervasive human-driven decline of life on Earth points to the need for transformative change. *Science*, 366, eaax3100.

Mandle, L., Shields-Estrada, A., Chaplin-Kramer, R., Mitchell, M.G.E., *et al.*, 2021. Increasing decision relevance of ecosystem service science. *Nature Sustainability*, 4, 161–169.

Comment l'économie peut-elle aider la biodiversité ?

BenDor, T., Lester, T.W., Livengood, A., Davis, A., Yonavjak, L., 2015. Estimating the size and impact of the ecological restoration economy. *PLoS ONE* 10, e0128339.

Hein, L., Bagstad, K.J., Obst, C., Edens, B., *et al.*, 2020. Progress in natural capital accounting for ecosystems. *Science*, 367, 514–515.

Levrel, H., Scemama, P., Vaissière, A.-C., 2017. Should we be wary of mitigation banking? Evidence regarding the risks associated with this wetland offset arrangement in Florida. *Ecological Economics*, 135, 136–149.

Petit, Y. 2009. *Droit et politiques de l'environnement*, La Documentation française, Paris.

Un monde et une biodiversité durables ?

Bennett, E.M., Cramer, W., Begossi, A., Cundill, G., *et al.*, 2015. Linking biodiversity, ecosystem services, and human well-being: three challenges for designing research for sustainability. *Current Opinion in Environmental Sustainability* 14, 76–85.

Cohen-Shacham, E., Walters, G., Janzen, C., Maginnis, S. (eds.), 2016. *Nature-based Solutions to address global societal challenges*. Gland, Switzerland: IUCN.

IPBES, 2019. *Summary for policymakers of the global assessment report on biodiversity and ecosystem services of the Intergovernmental Science-Policy Platform on Biodiversity and Ecosystem Services*. S. Díaz, J. Settele, E. S. Brondízio, H. T. Ngo, *et al.* (eds.). IPBES secretariat, Bonn, Germany. 56 pages.

PEFC/10-31-1895

Achevé d'imprimer sur papier Inapa Offset 110 grs en septembre 2024
sur les presses de l'Imprimerie CHIRAT - 42540 Saint-Just-la-Pendue
Dépôt légal : mai 2023 - N° 202407.0371

Imprimé en France